日本語のへそ

ムダなようで、でも大事なもの

金田一秀穂

青春新書
INTELLIGENCE

へその序

いい加減にしたらどうだろうと思う。「今年は去年より業績が上がらなかった」「来年こそは今までの挽回をはかろう」そういうことを言うのを。永遠に成長が続くはずがないではないか。成長はいつか必ず止まることになっている。盛者必衰は真理なのだと、なぜ気づかないのか。

世は、効率万能で、何でもかんでも、コストパフォーマンスで優先順位が決まる。より安く、より簡単に、より早く。そんな掛け声があふれているけれど、それで本当に幸せになれたのだろうか。

東京から日帰りで札幌出張に行けるようになって、それで幸せか。

もういい加減やめたほうがいい。それでないと、人は心折れてしまう。

今必要なのは、言葉のむだ遣いである。すなわち、人と人のむだ遣いであり、心のむだ遣いである。

時代はＡＩである。機械にできることは、任せたほうがいい。ＡＩと共存する世界では、人が人であることになる。人にしかできないことをするしかない。効率を無視する。能率を無視する。暇と退屈を味わう。楽しむ。

へそのように、なくてはならないけれど、なくてもいいようなもの。

言葉のへその力をこの本で知ってもらいたい。

日本語のへそ　目次

第2章 「むだ話」が人生を豊かにする

第3章 言葉も人もへなちょこで、自由がいい

編集協力▼箱田髙樹（カデナクリエイト）
本文デザイン▼佐藤純（アスラン編集スタジオ）
本文DTP▼キャップス
カバーイラスト▼石川恭子

第1章

「言葉」をむだ遣いできているか

1

日本語はむだの宝庫

多すぎる一人称は、むだなのか

「私」「僕」「わたくし」「オレ」――。

特定の人を表す代名詞を「人称代名詞」という。

日本語はこの人称代名詞が、他の言語に比べてとても多いそうだ。

たとえば〝一人称〟だけを見ても、冒頭にあげたもののほか、「わし」「うち」「あたし」「あちき」「拙者」「余」なんてものまである。

実に多い。むだに多い。

英語ならば、これらはすべて「I」で済む。それなのに、日本語を使う私たちは「自分」を指し示す選択肢があまりに多いのだ。おかげで、余計な悩みごとも抱える。「もう四十歳を過ぎているのに〝僕〟って使うのはどうなんだろう?」「友だち相手に〝わたくし〟って、ちょっと堅いかな」といった類の悩みだ。

それにしても、日本語は、どうしてこんなに人称代名詞が多いのか。

私はその理由を、〝空気を読みやすくするため〟じゃないかと踏んでいる。

「人は見た目が9割」といわれるが、実のところ、見た目だけでは「あの人は、こんな性格の、こんな立場の、こんな職業についている人だな」とまでは分からないものだ。やたらと大きな会社の社長なのに、腰が低くて存在感も薄く、見た目だけではそうと分からない人を見かける。見るからに反社会的な団体に属していそうな強面ファッションに身を包んだ塾講師なんていう人もいた。

けれど、その人が使う〝言葉〟をみると、案外とこれができる。

言葉には「位相《いそう》」というものがあるからだ。

位相とは「こういう言葉を使う人は、社会的にこれくらいの階層で、こういう職業が多い」というカテゴリーのようなもの。

そして、自分を表す一人称は、この位相が最も分かりやすく表出する言葉なのだ。

たとえば時代小説などを読んでいても、私たちは「拙者は……」という登場人物が現れたなら、「ああ、お侍様なのだな」と分かる。別にその人がチョンマゲだとか、帯刀しているとか書かずとも、瞬時にそう理解できるわけだ。

「朕《ちん》」と使っていたら、天皇陛下のような最も位の高い人だなと、すぐに分かる。あるいは小学校の先生などは、よく「先生な……」と自ら先生と呼んで話す。あれは「自分は君たちに上からモノを教える立場であるのだ。ちゃんと聞きなさい」というハイアングルな立場を、すぐさま周囲に表せられるからだろう。

たまに恋人同士で「みーたんね」「ケンくん、お腹空いた……」などと自分のあだ名を一人称にして話している男女が見受けられるが、あれも位相だろう。「私たちは恋に夢中で周囲が見えないバカな人たちですよ」とほのめかしている。

いずれにしても、これらをすべて「I」で表したら、何も見えてこない。しかし日本語は自分をなんと表現するかによって、自らのバックボーンやキャラクターを伝えられる。

さらに大事なのは、相手の使う一人称から「この人とはどうつきあえばいいか」という取り扱い方法が、すけて見えることだ。

「わたくし」といえば周囲は「ああ、この人はきっとエライ人なんだな。丁重に扱おう」と分かる。「俺はよう」という人は「この男性は粗野な人なんだな。怒らせるとややこしいことになるに違いない」と、分かる。

いわば一人称によって〝空気〟を読ませることで、どんな姿勢で対話するのがいいかを暗に伝えられる。結果、スムーズに対話を進められるのだ。

いちいち使い分けなくてはいけない人称代名詞。「むだ」といえばむだではあるが、多様で細やかともいえる。システマチックとさえいえそうだ。

ただし、一人称だけでキャラクターが伝わる故の怖さもある。

たとえばスポーツ新聞で落合博満さんのコメントが出ると必ず「俺は……」と書いてある。けれどテレビを注意深く見ると分かるが、実際は、彼は俺じゃなくて「僕」を使う。野村克也さんなら「わしが……」と書かれている。

けれどノムさんも、本当は「俺」が多い。

世間が抱くステレオタイプなイメージと合致したものを、マスコミがあてがきした結果、一人称によって「オレオレキャラ」を押し付けられているわけだ。

数年前、レオナルド・ディカプリオが、念願のアカデミー賞をとった。そのときのスピーチでは、もちろん彼は「I」という一人称で話していたが、ニュース映像は、そこに日本語字幕を入れなければならない。

〝レオ様〟はもはや結構な大人になり、かつワイルドな役もやるようになったはずだ。しかし、やっぱり「俺」でも「私」でもなく、「僕」と訳していた媒体が多かった。日本ではやはりどこか幼さと親しみやすさが、彼のイメージにあるのだろう。人称代名詞は、それほどまでにキャラクターを固定化する細やかだけど強烈な力を持っている。

それにしても、あがめ奉るように「様」付けしている相手なのに、親しみやすいとは。これこそ、とても言葉のむだ遣い感があって、実にいいものだ。

人称が先か、人間関係が先か

相手をどう呼ぶか、あるいは他人からどう呼ばれるか。

「二人称」に関しても、何を選ぶかによって両者がどんな関係か、自ずと見えてくる。

喫茶店に「山田一郎」という三十代くらいの男性が座っているとする。

目の前には「田中二郎」という、同じくらいの年齢の男性が座っている。

山田さんが、田中さんを「お前さ……」と呼んでいたら、よほど二人は親しいか、あるいは山田さんがとても目上の人だという証拠になる。

しかし、山田さんが「田中さん……」と言っていたら、そこまで親しいことはないだろうと予測できる。

あるいは山田さんが田中さんを「部長……」と呼び、田中さんが山田さんを「課長……」と呼んでいたら、ああ、田中さんのほうが、会社では上役なのかと分かる。

ある編集者から聞いた話だ。

新宿あたりの繁華街で、彼は友だちと三人で連れ立って「二軒目はどこに行こうか」と歩いていた。すると、呼び込みのお兄さんに声をかけられたそうだ。

横に並んだ三人が一人ずつ声をかけられて、彼は一番端を歩いていた。

「社長！ キャバクラいかがですか」

「どうですか、社長！ 間違いないですよ」

「いきましょ〜よ。部長！」

編集者は、怒ったそうだ。

「どうして俺だけ〝部長〟なんだよ！」

人称代名詞に含まれた位相がどれほどの効力を持つか、よく分かるだろう。まあ、彼は部長でも社長でもないから、怒る筋合いもないと思うのだが。


いずれにしても、年上や目上の人を「キミ」などと呼んだら失礼に感じられる。部長じゃない相手に「部長」なんて呼ぶと、人間関係をギクシャクさせることすらありえる、という話だ。

逆に相当に親しくなって、一緒に旅行や遊びにいくようになった同僚に対して、どこでもずっと「課長」「課長」と呼ぶのも、おかしいだろう。

「自分と相手との関係性は、どれくらいが好ましいか」

それを推し量りながら、二人称を選ぶのが正解かもしれない。

新たな関係性を築きたいなら、人称に工夫するのもいい手だ。親しくなりたい相手がいるなら、彼が所属するグループで、その人がどう呼ばれているかを観察。それを真似るのが手っ取り早い。

人は、自分と同じ言葉を話す人を好むものだ。地方出身ならば、同じ方言を話す人は、初対面でも親しみがわく。同じ業界の人しか分からない、専門用語などが通じると、ストレスもなく話もしやすい。ようするに「仲間言葉」が通じる相手を、私たちは自然と好むのだ。

同じ理屈で、皆が下の名前で呼んでいたら、自分もそう呼ぶと仲間言葉に簡単に飛び込めるだろう。呼び捨てだったとしたならば、「さん」付けくらいして声をかければ、呼ばれたほうは、違和感なく返事をしてくれそうだ。と同時に「お、こいつは仲間だ」と自然に感じてくれるはず。すっと受け入れられる可能性は高くなるはずだ。

また、一人称も工夫すれば、相手と早く仲良くなれるかもしれない。上司や部下相手に、オフィスでは「私」と言っていたけれど、飲みの席では「僕」と変えてみる。くだけた印象を与えて、相手との心理的な距離が近づく気がする。

いずれにせよ、どこでも「私」だけ。誰に対しても「名前」や「役職」で呼ぶような凝り固まった一人称はつまらない。どうせ、人称代名詞が多いのだから、もう少し工夫して使い分けてみるのも楽しいのではないか。

ちなみに私は、よく初対面の人にも「先生」と呼ばれる。

実は、あれがすこし居心地悪い。「お前の先生じゃないよ」と思ってしまう。

この間も初めて入った寿司屋でカウンター越しにずっと店の人から「先生、先生」と言ってこられて閉口した。ただ、あとで分かった。相手を肩書で呼ぶのは、とてもラクなのだ。その証拠に、私も店の人を「大将」って呼んでいたから。

言葉こそ諸行無常

「昨日、ひさしぶりに〝いとこ〟に会ったんですよ」

友人にそう言われたとき、こう思う人は多いはずだ。

『そのいとこって男かな、女かな……』


漢字ならば「従兄弟」、あるいは「従姉妹」と書くため、その人が指すいとこの性別はひと目で分かる。しかし、口語で「いとこ」と伝えても、その性別がどちらかは、決して分からない。


ところが、中国の人はこんなことを絶対に思わない。

彼らは〝いとこ〟を指し示すとき、「表姐（年上の女のいとこ）」「表妹（年下の女のいとこ）」「表兄（年上の男のいとこ）」「表弟（年下の男のいとこ）」の四つを使い分けるからだ。

前の会話も中国語なら、一回、聞いただけで「なるほど。君より若い男性のいとこね」

と頭に疑問符を置くこともなく、スムーズに会話を進められるのだ。

言葉は社会を表す。

人と人を繋げるコミュニケーションツールである以上、その社会で最も使いやすく、合理的なかたちで、言葉は在る。

ではなぜ、日本語ではいとこの性別にこだわらず、中国語では性別が判別できるように使われるのか？「結婚できるかできないか、すぐ判断できるように」という説がある。四親等以上離れていれば、法律的に結婚できる日本では、いとこは「結婚できる対象」となる。だからこそ、性別を敏感に伝える必要はない。しかし、中国では結婚が禁じられている。そのために男女差はむしろ強調されるのだ。

人と人との関係性だけじゃなく、「人称」には、社会そのものを浮き彫りにする力もあるようだ。

英語で面白いのが、「兄弟」を表す人称だろう。

日本語では「兄」「姉」「弟」「妹」と、性別と共に年が上か下かも表す。

ところが、英語圏の人は「マイ・シスターが……」「彼のブラザーってさ……」と、性別ははっきりさせながら、年齢に関しては伝わらない二人称を使ってくる。

日本人にしてみたら「ふむふむ……。で、シスターって、姉？　妹？」「そのブラザーって、兄貴？　弟？」なんて思ってしまう。

あるベストセラー長編小説の翻訳では、「シスター」が最初の巻では「妹」と訳されていたのが、ずっと話が続いたあとでそのシスターが「姉」であることが分かり、あわてて直された例がある。翻訳者泣かせである。

ここにも社会というか、文化の違いを感じる。

英語圏では、ことさら年齢にこだわることは少ない。

年が違っても親しい間柄ならフランクにつきあうし、あだ名で呼び合ったりする。

年上は敬うべきだ。そんな儒教思想が社会に浸透している日本や中国、韓国などではそうはいかない。「年上だから敬語を使わなければ」とか「失礼があってはいけない」と人称から即座に分かるようにしてあったほうが、社会がうまくまわりやすいのだろう。

人称から社会が見えるなら、社会の変化と共に人称の使い方、その意味が変わることも多々ある。

たとえば「おたく」という言葉。

そもそもは相手を敬ったうえで、家や家庭、あるいは会社などの相手が所属するグループを指し示すときに使った、二人称だった。

「週末は、おたくはどうされるのですか？」「来週、おたくに伺います」と使った。

敬意を含むため、相手との距離が比較的遠い間柄で使われる人称だったわけだ。

これが自分の趣味には偏執的になれるのだが、人とのコミュニケーションがどちらかというと苦手な種類の人たちにフィットした。「お前」「君」というのは気恥ずかしいので「おたくさ……」と相手とできるだけ距離をとれる二人称を使うようになったのだ。

何を隠そう、私もよく使った。

ところが、八〇年代後半から、そうした趣味に偏執的にハマり、相手を「おたく」と呼ぶような人たちは「オタク族」などと呼ばれるようになった。

一般にも普及して、何かオタクという言葉が、侮蔑の意味をはらんでしまったのだ。

けれど、時代は変わる。

「オタク」は、今や世界的にも注目される文化的資産を表す。とてもポジティブな意味として価値を持たされるようになってきた。

「諸行無常」という言葉がある。

物事は、変わらずそのままでいることなく、流れ、変わっていくという意味だ。

言葉もそう、人称もそうなのだろう。

多少その意味を広げれば、今、不遇にあっていたり、少し生きづらいなと思っていたとしても、ずっとつらいまま人生が進むことはないということを「人称」の変化は感じさせてくれる。ひきこもりのオタクだった私が、今ニコニコしているんだから間違いない。

2

「道具」としての言葉を考える

言葉は、最も身近な「バーチャル」である

「さらりとした梅酒」。

有名な梅酒の広告コピーなので、ご存じの方は多いはずだ。梅酒を飲むたび、頭の片隅でメロディと共に、この言葉を思い出す人も少なくないだろう。

中には、こんな感想さえ抱く人もいそうだ。

「うむ。この梅酒、〝さらり〟としていて美味しいなァ」

少し冷静になって欲しい。

「さらり」とは、どういう状態か認識しているだろうか？　紐解《ひもと》けば、それは「さらさら

と音がなるように、湿り気なく、あっさりとした爽やかな感じ」という擬態語だ。

あらためて問いたい。梅酒は、本当に「さらり」としているだろうかと。

他のお酒より糖分を多く含んでいるだけに、梅酒はどちらかといえば、とろっとしてべたっとした質感があるような気がする。件のコピーも、そんな「梅酒にしては、珍しく、さらりとしているね」と他社製品との差別化を際立たせるために「さらり」という言葉を使い、それがハマったのだろう。

梅酒は「さらり」という意外だけれどそうかもね、とハマる擬態語をあつらわれて、見事にそのイメージを獲得したわけだ。


かように言葉には大きな力がある。

何かを伝えるコミュニケーションツールとしての力。もちろんそれもあるが、人の心を左右する、五感を刺激して感情を揺さぶる。そんな力を持っているのだ。

ならば映像や画像のほうが、強烈に心を揺さぶるんじゃないか、と思う人もいそうだが、違う。

たとえばレストランのメニュー。もくもくと湯気が上がった「いかにも熱々の鉄板の上にステーキが置かれたダイナミックな写真が載っている」と想像してほしい。

そして写真の横には、こう書かれている。

『肉汁《にくじゅう》あふれるジューシーなサーロインステーキを、豪快にどうぞ！』

もう絶対に美味しいに決まっている。口いっぱいによだれがあふれ出そうだ。

けれど、同じ写真の横にこんな言葉が載っていたら、どうだろう。

『獣のリンパ液がしたたる、牛の死体の一部を強引に口の中へ入れてしまえ！』

食欲をそそられないどころか、胃の奥から、違う味わいがこみ上げてきそうである。

しかし「肉汁」とは実のところ「リンパ液などの動物の体液」のことであり、「サーロインステーキ」とは「牛の死体の一部」のことだ。

つまり同じ肉の写真でも、それをどういう言葉で表すかによって、まったく違う印象になる。

言葉によって伝わる味が変わり、物の価値までも変えてしまう。

私たちは、肉汁あふれるステーキを食べるのではなく、肉汁あふれるステーキという「言葉を食べている」ようなものなのだ。

言葉が強く人の感情を動かし、価値観を左右するという意味では、小説などは最も分かりやすくそれを表す。悲しい恋愛やつらい戦争の話、胸躍るSFなどを読むと、私たちはハラハラ・ドキドキしたり、涙を流したり、ときに大笑いしてしまう。しかし、それは悲恋や悲哀に感動するより前に、「言葉」によって感動させられているともいえる。言葉は日本語ならば、あいうえお……から続く五十音の組み合わせでしかない。とてもコストパフォーマンスの高い「バーチャルリアリティ（仮想現実）」の道具といえるだろう。

写真や動画と違って、曖昧さを残しているところも言葉の強みかもしれない。

たとえば、文学における登場人物の中でも、絶世の美男子とされる、光源氏。しかし『源氏物語』の中では、光源氏の顔かたちはさほど描写されていない。ただ「見る人が思わず見とれてしまった」といった表現にとどまっている。それぞれが抱く、美男子のかたちをあてはめて読み進められる。あなたが思う光源氏と、私が思い描く光源氏は違う。曖昧な言葉の表現には、それが許される。だからこそ、誰にとっても絶世の美男子として、異議のないかたちで永遠に残るわけだ。

言葉さえあれば、私たちはお腹を空かせたり、悲しくなったり、おかしくて笑うことができる。言葉は人の心を酔わせることができるのだ。簡単に。さらりと。

言葉に使われずに、言葉を使うには

言葉は常に変化する。諸行無常だ。

常日頃、そう公言している私にとって、若者の言葉が自分たちとかけ離れていても、さほど気になることはなかった。「ら抜き」言葉とか、何でもかんでも「カワイイ」と言うとか。それはそれでいいのではないか、カワイイじゃないか、とさえ感じる。

しかし、最近、少し気になることがある。

私が接する大学生の中に、やたらと自虐的な言葉を使いたがる人が多いことだ。

「どうせ、バカなので」

「俺、ヤバいでしょ」

「ゆとりですが、何か？」

よしたほうがいいと、いつも言う。使う言葉が、自らの行動を縛ることがあるからだ。

教育心理学に「ピグマリオン効果」と呼ばれるものがある。

ある実験によると「キミは本当に才能がある」と教師から期待の言葉をかけられた子ど

もは成績がどんどん上がることが分かった。逆に「お前は落ちこぼれだ。才能がない」と言われ続けた子は、言葉通りどんどん成績が落ちたという。これがピグマリオン効果だ。言葉による暗示が、人の行動や考え方を縛るというわけだ。ひどい実験だ。だからなのか「マユツバじゃないか」という説もあるが、私はとてもよく分かる。

「痛いの痛いの、飛んでいけ！」

子どもの頃、転んでひざを擦りむいても、母親にそんな言葉をかけられると、痛みが消えた気がした。あれである。言葉はバーチャルリアリティをつくり出すが、ときにバーチャルを通り越して現実となるのだ。

これを「言霊《ことだま》」とも言う。

東日本大震災のあと、「絆《きずな》」という言葉がやたらと流行った。

あれも言霊の力だと思う。

災害によって、多くの人が命を落とした。同時に、そうした人たちを助けたくて助けられなかった人も大勢いた。多くの人が無力感と罪悪感をことさら感じることになった。

そこで「絆」という言葉が突然、世の中の日本語使用頻度の中で急浮上した。

「亡くなった方々を見捨てたわけではない。私たちは彼らのことをいつまでも忘れない。私たちは今も繋がっているんだ」

絆という言葉には、そんなふうに残された人の複雑な気持ちを〝癒やす〟効果があったのだと思う。繋がっていると強く認識される言葉を耳にし、口にすることで、罪悪感や無力感が収まるような効果があった。ボランティアや義援金など、実際の行動につながった人も多いことだろう。言葉が、世の中を癒やしたのだ。

癒やしといえば、相田みつをさんの「にんげんだもの」なんていう言葉も同じ意味で人気なのかもしれない。

何か失敗したときに「にんげんだもの」という言葉に触れたら、「そうそう。人間だもの。しょうがねえよな」と許された気がしてくる。救われたような気がする。

言霊の力だろう。それはとても意義のあることだ。

ただし、こうも思う。

言葉はやはり言葉でしかない。バーチャルリアリティを誘う「仮想的なもの」なのだ。

「にんげんだもの」

この言葉を受け止めて「失敗してもいいんだよ」と気持ちがラクになる日があってもいい。けれど、本当の本当は「それで考えるのをやめるのはもったいないんじゃない？」とも思う。失敗したり、思い悩むことがあったら、とことん考え込んだほうが、自分なりの答えが見つかる気がするからだ。そうして自分でたどり着いた結論があれば、きっと次に似たような失敗を繰り返すことはなくなりそうだ。

しかし「にんげんだもの」に引っ張られて、「まあ、いいや」とばかりに思考停止に陥ったら、それ以上、前に進めなくなるかもしれない。

言霊をことさら感じ取りすぎて、それに縛られすぎる必要はない。可能性を限定させるのはまっぴらごめんこうむりたい。

人は言葉に意味を求めすぎるところがあるように思う。

しかし、言葉はあくまで道具なのだ。

そもそも大抵の人は、道具に使われるより、道具を使う側でありたいはずだ。

「残る言葉」はどうやって決まるのか

言葉は、人間が使う道具であるという話を書いた。

だからといって、人が誰しもそれを存分に使いこなしているかといえば、また別の話だ。

たとえばスマートフォンのアプリは、世の中にやたらと存在するらしいが、それを満足に使い切っている人は一握りなのではないだろうか（そう信じたい）。言葉も同じである。

青春の頃、誰かに恋い焦がれた、という経験がある人は多いだろう。

しかし、相手に「好きな理由を説明して」と言われたとしても、スラスラと言葉で伝えることなどできなかったはずだ。相手のことを考えただけで、胸の奥が痛くなるような気持ちを抱えていたのに、言語化すると「好きだ」「愛している」程度しか出てこない。

むしろ、そんなむだな努力をするならば、その相手を黙って抱きしめたり、しっかりと手を握りあったりするほうが、こちらの気持ちが伝わるような気がしたものだ。道具としての言葉の限界が、そこにある。

多少こそばゆくなったので、別の例をあげる。

自慢ではないが、私は子どもの頃から自転車に乗れる。何も考えずに、サドルにまたがり、バランスをとりながらペダルをこいで、スピードを上げられる。しかし、「なぜお前は自転車に乗れるのか説明してみろ」と言われたら、うまく説明できる自信などない。

私たちは言葉を身に着けたことで、ややもすると世の中のすべての現象を言い表せられると信じているふしがある。道具としての言葉を使いこなせていると勘違いしている。

しかし、本当に高ぶった感情は、言葉で表せられないものだし、「暗黙知」と呼ばれる経験によって感覚として培われたノウハウも、なかなか言葉で伝えられない。

これを「言葉の欠落」と言う。

見渡せば、世の中は、言葉で言い表せないことであふれているのだ。

外国語と出合って、日本語における言葉の欠落に気づくこともある。

英語に「コミットメント」という言葉がある。

日本語では「公約」「誓約」などという意味になるが、英語のコミットメントほど、強い責任を伴った約束であることが伝わらない。それでいてビジネスの現場では、極めて頻繁に使われる言葉だから、また困る。

結果として、日本でも「コミットする」と使われ始めた。

まさに言葉の欠落だ。日本語では言い表せない微妙な物事や感情が表れたとき、私たちは言葉の欠落に気づかされる。

裏を返せば、言葉の欠落を埋めるような表現が生まれたとき、これまであいていたパズルの隙間を埋めるピースが見つかったかのように、新しい言葉が生まれる。

怒りの表現として使う「ムカつく」などはまさにこれだ。

「腹が立つ!」「憤った!」

これまであった怒りの感情を表す言葉は、どうも何だか分別あるオトナの怒りに感じる。もっと世間一般の常識からはみ出た憤怒の感情は、確かにあった。しかし、それを表す言葉がなかった。

そこで「ムカつく」が現れた。

最初は七〇年代頃、不良学生が使ったいわば若者言葉だった。しかし「あいつムカつく!」という言葉は、確かに、うんととがった直線的な怒りの感情を匂わせる。価値観が多様になって、世代間による断絶も激しくなった頃に、ちょうどこの言葉がフィットしたのかもしれない。言葉の欠落を埋めてくれたのだ。

ちなみに、こうした「残る言葉」の大事な要素としては、「音としての響きのよさ」も無視できない。「だらしない」という言葉がある。

これはもともとは「しだらない」という形容詞だった。

しかし江戸時代、ちょっと粋な奴が「だらしない」と、言葉を入れ替えて使うようになったらしい。

「お！　そっちのほうがより、しまりがなく聞こえるね！」なんて具合に周囲の心に響いたため、「だらしない」のほうが言葉として残ったというわけだ。

いわば「ザギンでシースーでも食べようか」みたいなギョーカイ言葉が、響きがよいからという理由で残った、みたいなものなのだ。

それにしても、ただのギョーカイ言葉は響きはよいが、ちょっと感じが悪い。だから、あまり残らないのかもしれない。ちょっとムカつくもの。

マスメディアと文字の洗脳力

新聞、雑誌、テレビなどのマスメディアも、新しい言葉が生まれる場所となる。たとえば「こだわり」という言葉。こだわりとはもともと「過去にこだわる」「失敗にこだわる」といったように、悪い意味で〝執着する〟ことを表した言葉だった。

ところが、高度経済成長期頃、日本に物があふれ始めてから、雑誌や新聞が、食事や商品などの「物の良し悪し」について熱心に書くようになった。言葉の弾数が足りなかったのかもしれない。そこで「こだわりの味」や「素材にこだわる」といったポジティブな意味で使われ始め、いつしかこだわりはいい意味で使われることが増えた、というわけだ。

マスメディアで、言葉が「文字」となって広く消費されると、新しい言葉や意味が変わった表現も、力強く流布していく。

たとえば若者言葉だったとしても「朝日新聞が使っているんだから……」「岩波が使っているんだから……」と、古い価値観のオトナまで取り込み、「当たり前の表現だ」「使ってよいのだ」と広まり、残っていく。

そう考えると、マスコミが文字化する言葉には気をつけたほうがいいのかもしれない。

「増える外国人犯罪」

「キレやすい老人」

新聞や雑誌の見出しになると、そこに統計的なデータがなくとも、センセーショナルな見出しは、力強く染み込んでいく。いつのまにか既成事実となって、広く当たり前のこととして残っていく。言葉は、文字化されたときに、さらにその力を増すともいえそうだ。


フェイスブックやツイッターなどのSNSが広まり、今は誰しも、自分の言葉を文字化して発信できるようになった。かつては新聞や雑誌などでしか許されなかった表現の場が広がっている。

言葉が文字化されることで、新たに広まり、残ることが多いのならば、今後はもしかしたらこれまでより多くの新しい言葉が残り、使われていく可能性もありそうだ。

あるいは、反対に新たな言葉が乱立しすぎ、誰しも使う言葉、残る言葉が生まれにくくなるのかもしれない。いずれにしても、ネットの書き込みは「残る」から、あまりにアブない発言や汚い言葉を使うのはやめておいたほうがよさそうだ。

また、年をとるとやたらと自叙伝のようなものを書きたがる人がいる。

私はやめたほうがいいと思っている。自分の過去を言葉にする、文字として残すのはとても危険だと思うからだ。

真実は一つの言葉に収められるほど、シンプルではない場合がほとんどだ。

たとえば、私は「金田一」という名字の重さ、言語にまつわる学者の三代目という面倒くさいプレッシャーを確かに感じていた。そのせいで学生の頃は、一時ひきこもりになったり、パチンコに入り浸ったりしていた。この物語を誰かに書かれたり、テレビで再現ドラマなどにされると、そのようにだけ描かれる。

違う。ただただひきこもりたくて、ただただパチンコが楽しかった。そういう面も大きいのだ。しかし、人は言葉に縛られる。きれいなストーリーとして「彼は一度挫折した」「けれど、アノ頃があったから今がある」というパターン化した伝説の中に収めたがる。

そんなもの嘘である。過去の自叙伝めいたものは半分疑ってかかったほうがいい。私が言うのだから、間違いない。

言葉自体がとんでもなく嘘である

言葉は嘘をつくための道具でもある。

その証拠に私たちは、思ってもいないことばかり言葉にしている。

大した成果を上げていない先輩に向かっても「さすがですね」と感心してみせる。

滑稽なファッションに身を包んだ友人に会ったとき、本心を隠し「個性的ね」とほめる。

あきらかにお年を召した女性に対しても、きちんと「お姉さん」と呼んだりする。

本当のことをそのまま口にしたら、相手を傷つけたり、相手に怒られることがある。むだな争いを避けるために、私たちは日常的に嘘の言葉を使っているのだ。

ただし、嘘をつかない時期というのが人間にはある。

人は三歳くらいで言語を獲得する。その後しばらくは目に見えるもの、感じたことを言葉にするのが楽しくて仕方ない。だから「ブーブー」「クルマ」「電車！」など、とにかく目に見えたものを言葉にして語りたがる。三歳からだいたい五歳くらいまでだろうか。

『はじめてのおつかい』というテレビ番組がある。

私はあれが本当に好きだ。幼い兄弟や姉妹がわざわざ遠いところまで、買い物に出かける。途中、雨がふったり、犬に出合ったり、買う物を忘れたりする。それでも健気に買い物を成し遂げて、家で待つお母さんと抱き合った頃には、私はもうくしゃくしゃになって涙を流し、泣き疲れるほどだ。

それはさておき、野暮を承知で言おう。

なぜあの番組が面白いか、お分かりだろうか。

あれは、おつかいをする子どもたちが「嘘をつけない」から面白いのだ。

「雨だぁ」「犬、怖い〜」「困った、困った」「どうしたらいいんだろ……」

大人になると、こうした言葉は心の中では思っていても、口に出すことは少ない。口に出しても状況は変わらないことが多いし、恥ずかしくも思うからだ。

しかし『はじめてのおつかい』に出るのは、三〜五歳くらいがほとんど。先に述べた通り、目の前で起きたこと、目に入ったことを、そのまま何でも正直に話す年齢だ。

だから視聴者はあの番組を見ていると、子どもたちが何を考えているか全部分かる。

その姿が妙におかしく、かわいらしい。あの番組は、おつかいのドキドキ感に加え、人の頭の中をのぞく楽しみも味わわせてくれる。

『はじめてのおつかい』には六歳以上の出演者は極端に少ない。

人は六歳くらいになると「嘘をついてもいい」と気づき始めるからだ。

「洗ってないけど『手を洗った』と言えばラクちんだ」「宿題は終わったと言ったほうが、早く遊べる」など〝知恵〟をつける。だからもう六歳以上の子は『はじめてのおつかい』に出てこないのだ。嘘をつくし、独り言をやめる。それは社会で生きやすいための「知恵を手にした」ともいえる。大人になることは、嘘をつくことを覚えることなのだ。

考えてみれば、言葉はそもそも嘘だともいえそうだ。

目の前にりんごがあるとする。それを指さして「ここにりんごがあります」と言う。しかし、それは本当はりんごではない。私たち日本人が、その果実を便宜上、「りんご」と名付けただけで、勝手に言葉をあてがわれただけだ。

「悲しい」「愛している」「心地よい」などの気持ちを表す言葉だって、嘘といえば嘘だ。

何となく誰かと共有するために、「悲しい」や「愛する」などの言葉をつくり出してあてはめただけで、心の中で本当に存在する情動のようなものに、本来、名はないのだ。私たちは、言葉によってモノを考え、他者とのコミュニケーションをしている。それは嘘によって生きている、と言い換えてもいいだろう。

言葉が嘘だと、どこかで分かっているからだろうか。私たちはときに言葉より、言葉以外の表現にこそ心打たれることがある。

「もうしわけありませんでした」「ごめんなさい」そんな謝罪の言葉が、むしろ慇懃無礼《いんぎんぶれい》に響くことがある。

「ありがとう」「感謝します」そんな謝礼の言葉も、空虚に響くことがある。言葉よりも態度、ちょっとした目の動きや口調、声の出し方、もうしわけなさそうにうつむいたボディランゲージや、跳び上がるような溌剌《はつらつ》とした笑顔や声の弾み方にこそ、人間の思いが宿り、他者に伝わりやすい面があるからだ。

以前、ＮＨＫ大河ドラマ『真田丸』などで知られる脚本家の三谷幸喜さんと対談したときのことだ。三谷さんは「脚本家としての自分を全否定しているようだが、芝居は言葉じゃない。役者の身体全体から発散される、経験とか気持ちとか、いろいろな意味が観る側に伝わるのだ」と言っていた。

セリフの中身ではなく、それ以外の表現こそ観る人の心を打つというわけだ。

あらためて『はじめてのおつかい』で、なぜ自分が大いに涙するのか分かった気がしてくる。あの番組では、一所懸命に本気で考えて、行動しているさまと、それを自ら話しているセリフが、しっかりと手を繋いだまま発散される。私たち大人が忘れた、「嘘ではない本気の言葉」と出合える、稀有《けう》な機会であるからだ。

3 言葉が示す「本音と建前」の世界

誤解されがちな建前という言葉

テレビや雑誌の打ち合わせで、最近、気になることがある。

「本音トークをお願いします」とか「ぶっちゃけてください」などと、やたらと「本音での過激な発言」を求められる機会が増えたことだ。

そういえば、ネット上にも「病気の人間にむだな税金を使うな」「もうあの国とは話が通じないから国交を断絶しろ」などと、刺々《とげとげ》しい本音が飛び交っている。

アメリカも同じだ。二〇一七年、「外国人は出ていけ！」といった過激な発言を連発していたトランプさんが、大統領となった。どう考えても間違った意見だ。けれど、一定層が抱く〝本音〟を痛快に代弁した。だからこそ彼は支持されたのだ。

今は、何しろ「本音」を求められる時代のようだ。

この風潮に不安を感じる。

そもそも、「本音」を話すことは、とても難しいものだ。

以前、ＮＨＫの番組『課外授業　ようこそ先輩』で母校の小学校に行った。

小学生に、日本語に関することをいろいろ問いかけると、ある子が「先生！　本当のことを言っていいですか？」と手を上げてきた。私は子どもならできるかもしれないと思って「本当のことが言えるなら、ぜひ聞きたい」と返した。残念ながら、彼は言葉をのみこみ、黙った。

本当のことを言ってごらんと言われて、彼ははじめて、本当のことは何だろうと考えたのではないだろうか。本当に思っていることはあるはずだと思ってはいても、しかし、本当に思っていることが何なのか、自分で分かるのはおそろしく難しい。そのことに気づいて、彼は黙ってしまったように見えた。

建前とは「表向きの考え方」という意味だが、もっといえば自分の周辺の秩序を保つためのツールでもある。

辞書を紐解けば「基本的な方針・原則」とも書かれている。ようするに「壊してはいけないもの」「守るべきもの」という意味も建前には、含まれているのだ。

考えてみれば、当たり前だ。

「不倫してみたいよね！」「世の中って、間違いなくお金だよな‼」

仮にそんな本音を大声を出して言えば、妻からは「信じられない。別れましょう」と言われそうだし、「そんな下品な人とはつきあいたくない」と人望が薄くなりそうだ。家族や友人関係が著しく壊れてしまう。そうしたくないから、私たちは本音を心のうちにとどめて「不倫なんて、ゲスだね」「世の中、お金だけじゃないよね」と建前を言うのだ。

さらにいえば、本当に思っていることだけが「本音」だろうかという疑問もある。ときに、建前も「本音」の一部ではなかろうか。

ちなみに「建前」はそもそも建築用語である。

家などを建てるときに、建築の基礎の上に柱や梁《はり》などを組み上げたあと、屋根の一番高い部分である棟木《むなぎ》を取り付ける作業のことを「建前」という。

まさしく木造建築の要となる作業。ここがズレると、家は建たない。

「建前がないと、すべて崩れてしまうよ」ということを案に伝えているようだ。

「楕円の思想」で面倒くさく考える

それにしても、なぜ本音を求められ、建前が軽視されるようになったのだろうか。

私は多くの人が「曖昧さ」に居心地の悪さを感じ始めたからではないかと考えている。

背景にあるのは、社会が複雑になり、白黒つかないことが増えすぎたこと。

たとえば、東日本大震災での福島の原発事故は全貌が見えないまま、対処せざるを得ないかたちで進んでいる。どこからどこまで破損しているのか。どこからどこまでが汚染地域なのか。とても線引きなどできない、分かりにくくて、白黒つかない事態が続いている。

あるいは、イスラム国などが、分かりやすい反政府集団やテロ集団ではないことなどもそうだ。ネットのPR活動などに感化された一匹狼型のテロリストが、これまでのように政府機関や軍事施設を狙うのではなく、一般市民が集うコンサート会場やイベント会場などを狙う。全体像や思想がつかみづらい。だからこそ、不安と恐怖心をかりたてられる。

ＬＧＢＴなどの性差も、今はとても多彩で多様になっている。女性として女性を愛する人。女性として男性を愛する男性など、あらゆる性のかたちが社会に認められつつある。ただし、これらは旧態依然とした価値観を持つ人にはとても理解しづらく、戸惑いの対象となるようだ。

世の中全体に、まるで薄モヤがかかっているように感じるのかもしれない。

ネットの普及で、目に触れる情報量が圧倒的に増えたことも影響していそうだ。接する情報が増えれば、当然、「自分には理解できないことが多い」と感じる人も増える。

いずれにしても、こうした分かりにくい世の中では、曖昧な言葉は刺さりにくい。白黒はっきりした「本音」の言葉のほうが、ことさら魅力的にうつる。

「悪いのは誰だ」「あいつらは敵だ」「家族はこうあるべきだ」

そんな単色のイデオロギーを振りかざしながら、白黒はっきりした物言いをする人間がチヤホヤされる。単純にすっきりと理解しやすいからだ。水は低いほうに流れる。頭であれこれ考えずに済むからだ。

ヒトラーやスターリンといった独裁者は、こうした社会の中から生まれ出た。社会に不満や不安を抱いた民衆のガス抜きとなるような、イデオロギーをかざした「本音」を叫び、まず彼らの心をつかんだ。ブレない一つの中心軸を持った「真円」の思想を吸引力にして、恐ろしい蛮行に突き進んでいった。偏った真円の思想は、「その他」に対して極めて排他的にならざるを得ないのが、自然だからだ。

すっきり、はっきりは、危険なのだ。

世の中は、真円で表せられるほどシンプルにできていない。

必要なのは「楕円《だえん》の思想」だと思う。

楕円は、中心が一つしかない真円と違い、その円の中に二つの中心を持つ。その中心が本音でも建て前でも、左翼でも右翼でも、鎖国主義でもグローバル化でもいいのだが、世の中のあらゆる事象は、どちらか片方に偏ることなどなく、たえずゆらゆらと二つの中心点を持った、ゆるやかな楕円形の中に漂っている。そんな意識があれば、自分の意見を一つにとがらせるのは不毛だと分かるし、相手の意見を一つに押し込めるのも愚行だと理解できる。

どちらかに偏った世の中は、不幸としか思えない。

まずはこうした意識を持つことからだろう。

繰り返しになるが、世の中はそんなにシンプルにできていない。

世界は、本音と建前でできている。

「正しい答え」が、たった一つ、常にあるわけじゃない。

少し前、オダギリジョーさんが「どうする？ 俺」と数枚のカードを差し出して、ちょっとした人生の分岐点を選択する、というCMが流行った。

あれと同じで、私たちの多くは「どこかに正しいものがあるはずだ」と思っている。用意された答えの中から選ぶことばかり躍起になっている。けれど、世の中の答えは大抵AのカードとBのカードの混ざり合ったところにあるのではないだろうか。

面倒くさくても、そのほうが、私たちは心地よく生きられる気がする。

オーガニックという言葉に在る「反論できない正義」

反論できない正義がある。

たとえばエコロジーやオーガニックという類の思想。

地球環境のためにゴミを増やさないでおきましょう、とか。温暖化を防止するために電気を使わないで二酸化炭素を削減しよう、とか。環境保護のために、オーガニックコットンを使った製品を選びましょう、とか。

何となく地球に優しく、人として正しいと思われるこれらの行為は、なかなかくさすことができない。「お前は地球に怖い。地球に冷たい。人として正しくない」と思われたくないからだ。

おかしな話だ。

私はこうした、とがりすぎたエコ志向やオーガニック志向こそが怖い。

オーガニックでつくった有機野菜を使い、オーガニックにこだわった調味料で味をつけ、職人が手作業でつくった器に盛り付けて、オーガニックコットンのテーブルクロスの上で食べたら、とても地球に優しいのかもしれないが、どう考えても財布に優しくない。質素で慎ましやかなイメージの割に、そのコストを考えるとものすごい贅沢だ。

それを「正しい」「こうすべきだ」「地球に優しいだろ」と言われたら、困る。勝手にやってもらう分にはいいが、ことさらあがめたり、憧れの対象にして欲しくない。そうではない生活をしている人を、正しくないとするのは傲慢な気がする。

そもそも、こうしたオーガニックやエコだとかが、しっかりとビジネスやマーケティングの文脈のうえに成り立っていることも忘れたくない。

環境のため、地球のためといいながら、お金儲けのためでもあるのだ。それはちっとも悪いことではないのだが、あたかもビジネスなど関係ないそぶりなのが、気になる。

たっぷりと凝りに凝ったナチュラルメイクのようなものだ。

そんなにナチュラルがよければ、化粧しなければいいと、くさしたくなる。

本音を隠して、建前がとがりすぎている例だと思う。

人として正しいとされていることだけを声高に主張するのは、やはりどこかでゆがみを生じさせるのだ。

地球温暖化の問題などもそうだ。二酸化炭素などの温暖化ガスが増えて、地球の温度が上がると、北極の氷がとけて、水面が上がるという。それは大変かもしれない。けれど、地球の温度が上がれば、ロシアやカナダの北部など、寒すぎて農作物などがとれなかった地域で、豊かな農業が花開く可能性はある。暖かくなったほうがうれしい、という地域は多いのではないだろうか。水面の上昇は、堤防などの対策を施すことで、まかなえる問題である気もする。総合的には、得することが多いのではないだろうか。少なくとも、誰も彼もが「地球温暖化防止に賛成だ」という前提でスタートする議論は怖いし、何よりも怪しい。


「ポリティカルコレクトネス」という言葉がある。

「政治的に正しい」という意味で、偏見や差別を含まないような表現をするべきだ、という考え方だ。そもそもマスメディアなどで、差別表現がないように注意するところから一般的になった。スチュワーデスを「フライトアテンダント」と呼んだり、看護婦を「看護師」と表現するなどがその代表だ。しかし、ネットの普及もあって、ポリティカルコレクトネスに関して、極めて厳しく指摘する人々が現れた。

「その表現は差別だ！」「あの言い方はおかしい」「あなたは正しくない！」と、指摘する声が大きくなったのだ。

その結果、大勢が正しいというものに物言いをすること事態が、大きなリスクになってきた。すぐに叩かれ、むだに炎上する。

建前だけを言っていれば、安心だ。

けれど、そこに議論は生まれない。件のエコやオーガニックに関しても「別の道があるのではないか?」「もっといいアイデアもあるのではないか?」といった建設的な議論すらできない。

こうして、また人は考えなくなる。

本音だけを求める人と同じゴールに、建前だけを求める人もたどり着く。

むだなエネルギーを使わないから、それはエコロジーかもしれないけれど。

あまり正しいとは言えない気がする。

「表と裏」という表現が好まれる理由

もともと日本人は本音と建前をうまく共存させてきた。

「表と裏」という表現を好むことに、それがよく現れている。

物事すべてには表だけではなく裏がある。私たち日本人はそう考えているふしがある。

たとえば、野球のイニングの入れ替わりのことを日本人は「一回の表と裏」と言う。

しかし、野球の母国であるアメリカでは、これを「トップ・アンド・ボトム（上と下）」と言う。表でも裏でもないのだ。

あるいはコインを投げたとき、私たち日本人は「裏か表か」と言う。

しかし、英語では「ヘッド・オア・テイル（頭か尻尾か）」となる。

つまり、日本人は、一つのものに表裏があることを自然に受け入れてきた国民といえる。

言い換えれば、「清濁併せ呑む」ことを当たり前としてきた国民性だということだ。

もちろん、アメリカにもダブルスタンダードと呼ばれる、似たような感覚はある。

しかし、それをしっかりと認め、楕円の中の本音と建前を使い分けて発言することを、私たちはことさら得意としているのではないだろうか。

元「ザ・フォーク・クルセダーズ」のリーダーで、現在は精神分析医として知られる北山修さんと、以前対談したとき、日本社会を指して「和を大切にする社会」と指摘したうえで「裏返せば相互不信が強く、すぐに村八分になる構造があるため、発言に神経をとがらせている社会だ」と言っていた。私たちがすぐに空気を読み、本音と建前の微妙なトーンコントロールを常日頃使いこなすのは、こうした社会環境がかたちづくったようだ。

ただ本音と建前を持つような考え方は「分かりにくい」ともいえる。だから、よく海外の人から「白黒はっきりつけろ!」とか「社交辞令ばかりで偽善的だ」と言われることがあるのだろう。

それでも「建前」とは壊していいものではない。社会の秩序を保つ額縁のような役割を果たしている。本音の世界の残酷さや、乱暴さを閉じ込める役割が、建前にはあるのだ。

建前を「不誠実だ」というのは、乱暴だし、子どもっぽいともいえるだろう。

三～五歳くらいまでの子どもは、現実と言葉が揺るぎなく一致する、という話は先に書いた。

だから「お姉さん」といえば丸く収まる相手に「おばさん」と言ってしまったりする。

それは本音という主観であると同時に真実だとしても、おばさんにおばさんと言ってはならないときがある。乱暴なのだが、子どもだから許される。

だからといって建前だけを並べつらねた場所に、自由はない。堅苦しく、面白みのない不自由な世界が広がっている。

今はその空気も強すぎる。

「コーヒーは苦い」「雨はイヤだ」「春は楽しい」――。

そういうスタンダードな考え方、建前の世界は正確かもしれないが、つまらない。

実のところ、間違いでもある。

甘いコーヒーだってあるし、楽しい雨もある。悲しい春だっていくらでもある。

二つの矛盾したものを抱え込めるのが、大人なのだと私は思う。それが本音だ。

4

「毒舌」から与えられるもの、「敬語」でなくすもの

敬語のマニュアルをつくれないわけ

「正しい敬語のマニュアルをつくってほしい」

私のところには、そんな依頼がよく入る。私が国語学者であるところにその理由があるわけだが、それより何より、敬語に対するニーズがとても高いということなのだろう。

ただし、毎回、丁寧に返すようにしている。

「つくれません」と。

敬語のマニュアルをつくることなど、まったくもってむだであるからだ。

たとえば「敬語のマニュアルをつくってほしい」というメールの中身からして、それはどうなんだ？　という敬語が使われていたりする。

『先生がスタジオにいらっしゃられましたなら……』とむだに敬語を重ねる二重敬語を使う。『こちらは書籍の制作をしているA出版になります』と一見、丁寧に見えるけれど敬語になっていない言葉を使っていたりするのだ。

ちなみに、前者は「スタジオにいらっしゃったなら」でOK。

後者は「A出版です」だけでいい。

ちなみに「～になります」というのは本来〝変化の結果を表す表現〟で、「相手を敬う」敬語の意味はとくにない。だからまるで「（ついさっきまでB出版でしたが途中から）A出版になります」みたいに聞こえて、戸惑うような、さらにはワクワクするような気にさえなる。

よほど添削して返信してやろうかなと思うときもあるが、煎じ詰めれば私に対して〝敬う〟気持ちは十分伝わってくるから、本心では悪い気はしない。

実は、ここに敬語の本質がある。

敬語で大事なのは言葉そのものではない、ということだ。

敬語は文字通り、相手を〝敬う〟ときに使う言葉だ。もっといえば、敬うための「手段」でしかない。

この手段を目的と履き違えてしまう人がいる。

「敬語を使ってさえいれば、相手を敬っている」と勘違いするタイプの人だ。

しかし、いくら正しい敬語を使っていても、冷たく感じてしまうことがある。

たとえば「何かお探しでいらっしゃいますか?」という洋服屋の店員の言葉。

敬語としては、何も間違っていない。

しかし、これを歓迎の笑顔もなく、無表情で、ふんぞり返った姿勢で、軽蔑したような眼差しで、気取った店員に言われたとしたならば、どうだろう?

「お前のような、センスのない貧乏臭い人間はきてくれるな」と言われているようで、いかにも心が折れそうになる。丁寧な言葉を使われたらなお、バカにされているような気がしてくる。くるりと振り向いて、「こんな店、二度とくるか」と捨て台詞の一つも言いたくもなる。

言葉は正しい。けれど、決して客を敬っていないというわけだ。

これこそが「敬語のマニュアルなんてつくれない」と言った理由だ。

敬語に一つのかたちはあるものの「こういうシーンでこの言葉を使えば正しい」とは言いきれない。いくら正しい敬語を使っても、腹が立つ相手はいる。逆に敬語が多少間違っていても、敬う気持ちが伝わるときはある。ようするに「自分がどんな言葉を使ったか」が大事なのではなく「相手がどう感じるか」につきるのだ。

セクハラと一緒である。

女性に対していやらしい言葉を発しても、発信者が福山雅治さんのような男性なら、訴えられない可能性が高そうだ。セクハラとは言葉や行為を受けた側が、どう思うかによって決定される事案であるからだ。マニュアル化などできないし、腹立たしくもある。


ともあれ、日常的に敬語を使わなくてはならないシーンはあるものだ。

具体的には「目上の人」「外部の人」「知らない人」が、敬語を使うべき相手。

そう考えると、実はそれほど悩まなくてもいい。

想像してみてほしい。あなたが普段めったに会うことのない上役や、憧れの芸能人などを前にしたとき、どうなるだろうか？

きっとものすごく緊張するはずだ。緊張すると、身体は自然と硬直して縮こまる。あるいは興奮して、自然と声が高くなったりする。

これらはすべて「敬意」を表すボディランゲージだ。

たとえば、相手より身体が小さいことは動物的な弱さを表す。「私はあなたより弱い人間です」というわかりやすい意思表明になる。

人は八割以上の情報を視覚的なインプットから得るといわれる。実際に話す言葉そのものよりも、声や表情で「敬った」感じを醸し出せれば、十分、相手にそれは伝わるのだ。

裏を返せば、いくら正しい敬語を話したとしても、態度が横柄であったり、本気で恐縮している気持ちがなければ、ぞんざいに見える可能性があるということだ。

面白いのが「話すときに吸気を多くする」ことも相手を敬っている印象になることだ。「すみません」「ありがとうございます」という普通の言葉も、少し吸気を多くしてみる。それだけで「恐縮しています」という雰囲気を漂わせることができる。言葉遣いよりも息遣いのほうがよほど敬う気持ちを表せる、ということだろうか。

つまるところ敬語なんていうものは、言葉ではなく「気持ち」が大事ということだ。

何だか、とてもつまらないマニュアルになる。だから、イヤだったのだ。

お行儀よい言葉より、生きた言葉

敬語ならば、私は「正しい敬語」よりも「過剰な敬語」のほうが気になる。

むやみやたらと「……させていただきます」と言う人がいる。

「みずほ銀行さん」とか「マイクロソフトさん」とか、会社や組織をいちいち「さん付け」する人がいる。地図にまで書き込む人までいる。

「患者様」などと病院が使うのはその最たるものではないか。言葉の表面だけを丁寧に磨き上げても、そこに敬意が宿るとは限らない。

むしろ、ひとまず丁寧であればいいのだろ？　という薄っぺらさを感じる。

「さん」を付けておけばいいんだろ、といういかにもコンビニエンスな敬意に聞こえる。だから「セブンイレブンさん」などと言うのだ。

よく言う話だが、子ども向けのテレビアニメや特撮ドラマなどを見ていると、正義の味方ほど汚らしいカジュアルウェアを着ていて、見た目が比較的、粗野だ。何しろ言葉遣いが「絶対に許さねえ！」「やってやろうじゃねえか！」と物騒な場合が多い。

一方の悪役のほうが、身なりがいかにも上品で、ときにタキシードなどを着ていたりする。そして言葉は「面白いことをおっしゃいますね」「あなたには失望いたしました」などと、ものすごく丁寧な言葉遣いであったりする。

言葉には位相というものがある。どんな言葉を使うかによって、その人が所属する社会的な階層を、分かりやすく示すことだ。

悪役のほうが主役より階層の高そうな言葉を使うのは、もちろん、悪役のほうが圧倒的に余裕があり、強くて「手強そうな相手だ」というイメージをかたちづくる意味もあるだろう。加えて、そもそも「上品な言葉ばかり使う上流階級の人間は鼻持ちならない」という潜在意識をくすぐるのかもしれない。変に気取った人間を、感じ悪く思う人間が多いという証左だろう。形骸化した敬語などは、最も気取った嫌味を漂わせる。

ある人が、「言葉はお行儀だ」と言っていた。

お行儀よくするための言葉が「敬語なのだ」とも言った。

しかし、私は、言葉は決してお行儀などではない、と考えている。

言葉は誰かと繋がるためのコミュニケーションツールであり、情報交換の手段である。心と心を繋いで、互いの交流を深めるために言葉はあるのだ。

敬語がお行儀だ、などという意識を持っているから、本来の人と人との繋がりがおざなりになってしまうのではないのだろうか。生きた言葉が交わされないから当然だ。

ただの形式でしかない敬語に、ことさらお行儀のよさなどを求めるから、私たち日本人は政治の場でもビジネスの場でも、本質に迫るような議論が苦手なのではないか。


美しい日本語や、正しい敬語を求めるのは自由だ。

しかし、かたちばかりの言葉や、見栄えだけの敬語には美しさも敬意も感じられない。

仏作って魂入れず、ということが、今の日本語には多すぎる気がするのだ。

読者さんは、いかがお考えでしょうか？

〝胸がすく毒舌〟を、また聞きたくなる理由

敬語が人を敬う言葉ならば、その反対に位置するのが「毒舌」かもしれない。

毒舌とは、本来、手厳しい皮肉な悪口のことで、とてもその対象を敬う意思などは感じさせないものだ。

しかし、芸能人などに多くいる「毒舌家」といわれる人たちは嫌味な感じがしないし、人気だ。たとえばマツコ・デラックスさんや有吉弘行さんといった人たちは、確かに厳しい物言いをするが、悪口をしっかりとエンターテインメントとして成立させている。

何より、胸がすくような痛快さがある。なぜなのだろう？

先日、テレビでみた南海キャンディーズの漫才は、まさに胸がすく毒舌だった。

山ちゃん（山里亮太）が、「美魔女」のマネをするしずちゃん（山崎静代）に対して怒るのだ。

「『私、何もしていません』だと？　そんなわけねえだろ！　美魔女っていうのは、エステとかホットヨガとか旦那のカネで行きまくっているに決まっている。美魔女コンテストっ

てのは、つまり〝旦那金持ちコンテスト〟なんだよ！」といった具合だ。

まったくもう、その通りだ！　と思わずひざをうってしまった。


いわゆる中年を過ぎた女性にもかかわらず、美しい肌とプロポーションを誇るのが「美魔女」といわれる方々の特徴だ。とてもすばらしい。うらやましいという方も多いだろう。けれど、美魔女と呼ばれる方々に対して、どこか釈然としない思いも、心の片隅に転がっているものだ。

それが何だか分からないから、「嫉妬かな」などと片付けてしまう。

しかし、そんなもやもやを「旦那のカネでつくられた美なのだ！」とつきつける毒舌が、晴らしてくれる。嘘くささを毒によって的確にあぶり出してくれる。権威となりつつある対象に対して、「いやいや、ちょっと待ってよ」と冷静に見る機会を与えてくれる。

だからこそ私たちは毒舌に、屈託なく反応できる。嫌な気持ちよりもむしろ爽快さを感じてしまうのだろう。


美魔女に対して「ただのおばさんだ」「年寄りが無理している」ではダメなのだ。それはただの悪態や悪口で、嫌な気持ちにしかならない。

そう考えると、毒舌を吐くほうは相手の仮面を引き剥がすための分析力や判断力、思考力が不可欠になる。

だから毒舌家はどこかクレバーに見え、そこを含めて人気が高いのかもしれない。


言葉は実に面白い。

本来、人を敬うはずの敬語が、むしろ敬意を消してしまうこともある。本来、悪口でしかないように見える毒舌が、ことの本質を見抜くカギになるときもあるのだ。

それなのに、「とにかくむだなく、簡潔に話せ」という輩《やから》がいる。

「むだ口を叩くな。雑談している暇があったら働け」というような一派がいる。

バカじゃないかといつも思う。むだに見える言葉にほど、人間らしい面白みが埋まっているのだ。それが分からないなんて、まったくもって愚かなことだ。トンチンカンだ。


いや、もうしわけない。毒舌じゃなく、悪口が過ぎました。

第2章

「むだ話」が人生を豊かにする

5

会話の本質はむだ話にある

一見役に立たない会話が、トマトピューレをくれた

「スピード仕事術」「すぐやる人が人生で成功する」「時短レシピ100」――。
書店を少し歩くと「むだを排除して効率化をはかろう」というノウハウであふれていることに気づく。むだなことなどやめなさい、さあ、今すぐやめなさい！　と、こっぴどく叱られているような気すらしてくる。

あらがいたい。

「むだ」なことは人生でも仕事でも、極めて重要な要素である。私はそう確信しているか

らだ（料理は分からない）。

私には大学を卒業したあと、就職をせずにブラブラと過ごしていた時期がある。

昼すぎに起き出してパチンコ屋へ向かい、まずはパチンコをなかば職業意識で打った。

そこで稼いだお金で本を買い、自宅に戻って部屋にこもり、ひたすら読んだ。

いくらなんでもひたすら過ぎた。気がつけば、三年もひきこもり生活を続けていた。

「このままでは自分という人間が腐ってしまうのではないか……」。いつしかそんな危機感にかられて、エイヤッ！　と飛び出して、アメリカや中国で日本語を教える日本語教師となった。そこであらためて、日本語に興味を抱くようになった。そして三代目の国語学者として、〝金田一〟の七光を活用させてもらう踏ん切りがついた。

ひきこもりの三年間は、とってもむだであった。

ただただ、とにかく本が読みたかっただけだ。

しかし、こうしたむだな時間もあったから、今があるとも思っている（と信じたい）。

むだなことにも意味がある。というよりも、意味のないことはむだではないのだ。

むだ話が人生に必要な理由も、これと同じだ。

意味のない、他愛もない会話こそが、人生を豊かにすることがある。

昔、イタリアへ行ったとき。田舎町で、とろっとした赤い液体を瓶に詰めているおばちゃんがいた。興味を持ったので、妻と二人で「それなあに？」と尋ねると、答えてくれた。

「ベラベラベラ」

まったく意味が分からなかった。考えてみると、私たちも日本語で尋ねていた。あとには引けない。くじけずにニコニコと笑顔を保ったまま「何ですか？」と続けた。

すると、向こうもニコニコと口角を上げた。

「トマトピューレよ。この時期になると一年分をつくりおきするの」と教えてくれた、ような気がした。何せイタリア語である。しかし、その後も、日本語とイタリア語による不可思議な言葉の交換を続けた。「美味しそうですね」「どうやってつくるんですか」。すると、最後には「あんたたち、持っていく？」と三本もその新鮮なピューレを手に入れることができた。もちろん、タダである。とても美味しかった。

むだ話のような、役に立たない会話を、本当にむだだと思うのは間違いだ。

友好的にむだ話を何度か交わした結果、私たち夫婦とそのおばちゃんの心は不思議と通い合うことができた。

その「証し」に、トマトピューレの思いがけない贈与があったわけだ。

言葉とはコミュニケーションの道具であり、情報交換のツールである。

確かにそうだ。しかし、もう一つ大切な役割を言葉は持っている。

言葉を交わすこと、ただそれだけで「人と人が繋がる」ことができるのだ。

繋がる言葉に、「意味」など必要ない。

私たち夫婦とイタリアのおばちゃんが、互いの言葉の意味を分からないまま言葉を交わし、しかし、心を交わすことができたのはその証左だが、もっと身近にも例がある。

たとえば挨拶だ。

「こんにちは」「どうもどうも」「ごぶさたです」「やあ」「おいっす」。

挨拶の言葉は、情報量という意味においてはほぼゼロに近い。何百回挨拶の言葉を繰り返しても、お互いほとんど何の情報も得られない。しかし、隣近所や友人、同級生や同僚たちと、私たちはひっきりなしに挨拶をしあっている。究極のむだ話である。

あるいは恋人同士の会話も、そうだ。

「風が気持ちいいね」

「うん……。あ、あの雲、かわいい！」

「どれどれ。本当だね」

「そういえば、さっきのパスタ、美味しかったねえ」

「美味しかった。今度は家で一緒につくってみようよ」

いかがだろう。むだの極みである。うかれた恋人同士の会話の中身に意味などないし、むしろ意味など必要ないのだ。なぜなら、何を喋っても「あなたが好きだよ」「私も好きよ」と言うだけの、意思の交換、確かめ合いでしかないからだ。言葉をただ交わしたい。好きと言い合いたいのだ。

これこそがむだ話の意義で、会話の本質だ。人は一見、内容のない会話をすることで、他者との関係を確かめ合い、関係を強めていっている。むだ話が人生を豊かにするゆえんだ。情報のやりとりが目的ではなく、話を交わす行為そのものこそが重要というわけだ。

人と人を繋ぐ重要な意味を持つ言葉の働き。それを言語学では「ファティック（交話）」という。また、このファティックこそが、言葉の起源でもあるのだ。

言語の起源は〝むだ話〟にあり!?

いろんな説があるが、言葉の起源は「動物の鳴き声」だという。

たとえばサルは仲間で集まっているとき、「キャッキャ、キャッキャ」と鳴き合う。厳しい自然の中で生きている動物は、本来、鳴かないほうが合理的に思える。サルを狙う外敵に、自ら大声で居場所を教えてしまうことになるからだ。

なぜ、彼らはそんなリスキーな行為を積極的にするのか？

イギリスのダンバーという進化生物学者は、それを「サル同士が仲良くなろうとしているからだ」と言った。

そもそもサルは群れで生活する動物だが、個体が密集して暮らせば、当然、ストレスが生じるものだ。食料や異性の奪い合いで、そこかしこで争いが起きるからだ。

だからサルはグルーミング（毛づくろい）を頻繁にする。

互いの体毛を整えて、虫などを取り合う。利他的なこうした行動によって、集団間のストレスは緩和される、というわけだ。

ところが、問題が一つあった。

グルーミングは極めて効率が悪い。一度に毛づくろいできるのは、一匹ずつ。しかも体中やろうとしたら、二時間くらいはかかるだろう。手間と時間がかかりすぎる。

そこで「キャッキャ、キャッキャ」なのだ。

私たち人間も、知らない相手と面と向かうと、誰しも緊張するが「こんにちは」とひと言でも挨拶されると、ほっと安心できるものだ。

あの効果である。

特別な意味など必要のない、一見むだな言葉でも、声をかけてもらうだけで、緊張は緩和されるのだ。

しかも、声がけは一度に大勢に伝えられ、時間もかからない。

こうして他者と繋がるために声による代償行為が生まれた。群れや社会をなす動物たちは、とくに鳴き声をかけ合うようになった。

これが言語の始まり、というわけだ。

言葉によるコミュニケーションを「何らかの価値ある情報を伝えることだ」と考える人は多いはずだ。しかし、違う。

「あなたと親しくなりたい」

「心と心を通わせたい」

そんな繋がりを生むことこそが会話の目的で、極端な話、意味なんてなくていい。初対面同士でも心をときほぐし、互いの気持ちを近づけることこそ、言葉の本質で、それがむだ話なのだ。


だから「何だか仕事がうまくいかない」「友人や異性とうまくつきあえない」といってノウハウ本を読んで、効率化をはかったり、効果的で意味のある会話力を身に着けることこそむだに思えてくる。

意味のないむだ話――。

むしろ「キャッキャ、キャッキャ」とそれに興じられるようになったほうが、よほど人生で成功できるかもしれない。かなりの時短で。

「男は黙って」が通用しない時代

日本人はしかし、むだ話が得意ではない気がする。

アメリカにいた頃、とくにそれを感じた。

アメリカで日本語を教えていた頃、よくパーティーに招かれた。

何せ、彼らがパーティーが好きな理由は「美味しいモノを食べたいから」でも「着飾りたいから」でもない。

パーティーで「おしゃべり」したい。そして「友だちをつくりたい」のだと言う。

パーティーなんだから当然だろう?

そう思われたなら、あなたはグローバルな方だと思う。

伝統的な日本人はパーティーで話したり、友だちをつくるのが、えらく苦手だ。

その証拠が「お座敷」である。

日本の伝統的なパーティーといえば「お座敷」での宴会だろう。大勢が集まって飲むのは同じ。しかし、そこに芸者を呼ぶのが本来のお座敷遊びである。

プロフェッショナルを呼んで、彼女たちに歌や踊りを頼み、こちらは眺める側になる。そこにおしゃべりの入る余地は、あまり残されていないわけだ。

世界に誇る日本発のパーティー文化「カラオケ」もそうだ。

飲んで、歌う。聴く、ふりをする。

つまり、喋らなくていいのだ。

日本のパーティーには、なるべく人と話さないで済むシステムが伝統的に組み込まれている。それほどまでに日本人は、知らない人と話すのが苦手なのだろう。

ではなぜ、私たちはむだ話が苦手なのか？

それは「知らない人と話す必要がなかったから」ではないだろうか。

島国なうえに、農耕文化が根付いていた日本では、生まれてから死ぬまで、自分の集落だけで人生を過ごす人が多かった。〝よそもの〟と出会い、彼らと緊張しながら会話を交わす機会が少なかった。慣れていなかったのだ。

しかし、他の多くの国はそうはいかない。言葉も文化も違う国と地続きなうえ、狩猟民族や放牧民族となれば移動も頻繁だった。必然的に〝よそもの〟と出会う確率は高まる。「知らない相手とおしゃべりせざるを得ない」状態に慣れるわけだ。

異文化同士の出会いは、ときに喧嘩《けんか》になることもあるだろう。

しかし、おしゃべりは「私は敵じゃないよ」と訴える道具になる。

欧米ではエレベーターで乗り合わせたら、知らぬ男女もむだ話をするのがマナーだ。

これには苦労した。

「今日は蒸し暑かったね」「仕事にならなかったわ」「早くシャワーを浴びてビールといきたいなぁ」「同感よ」などとやりとりをする。ようやく自分が降りる階に着き、解放されると、ぐったり疲れ果てた。しかし、こうした他愛のないおしゃべりによって「僕は敵じゃない」「私は怪しいものではないよ」という確認作業ができる。だから欠かせないのだ。

サルの「キャッキャ、キャッキャ」と同じ、ファティック（交話）である。

仮に、日本のエレベーターで同じことをやったら私は「変なおじさん」と思われるリスクのほうが高そうだ。それくらい私たちは初めての人と話すのが苦手ということだ。

さらに日本のエレベーターは「一階です」「扉が開きます」と自動的に音声が流れるものもある。乗っている人間が無言でも、機械が話してくれるから気まずさが紛れそうだ。

思い返すと、日本には「会話によって人間関係を結ばなくて済む」ための自動音声があふれている。家では「お風呂がわきました」と風呂釜が喋ってくれる。駅では「黄色い線の内側へお下がりください」とホームから聞こえてくる。トラックは「バックします」と語りかけてくる。これではむだ話に慣れるどころか、むだ話をする隙間がない。

だから仕方がない。仕方がないのだが、このままではまずい。

グローバル化は待ったなしだ。伝統的に初対面でも臆せず話し、味方につけることに慣れてきた欧米人や中国人の話術は、ビジネスの巧みさに繋がっている気がする。

彼らと競うのに「話すのが苦手でして……」では、それこそ話にならない。

さらに困るのが、老後だ。高齢者施設を訪ねると分かるが、ひと言も喋らず、不愉快そうにテレビだけ観て過ごす高齢者が実に多い。とくに男性は話せない。高齢男性の多くは「男は黙って」をカッコいいとする価値観を持っていた。おしゃべりはしたない、というものだ。そのせいで「新しいコミュニティに入るきっかけがつかめない」のだという。

知らない人と話せない。その行き着く先が、さみしい老人だとしたら、少し真剣におしゃべりを練習しておいてもいいのかもしれない。カッコいい、悪いの話ではないのだ。

話し言葉を軽んじると、言葉の力は生かせない

『山の雪』という古典落語がある。

旦那が奉公人の権助《ごんすけ》さんに挨拶について教える小咄《こばなし》だ。

「権助さん。おはよう。今日は寒いね」

「おはようごぜえやす。寒いのは俺のせいじゃね」

「何だいそりゃ。寒いな、と言われたら『おおかた山は雪だろう』なんて返しなよ」

すると権助さんは、他の誰かに「今日は寒いな」と言われるたび、こう答える。「この分じゃ山は雪だんべ」。洒落《しゃれ》た返しは、学べばできる。

しかし、やがて季節は変わる。すると挨拶の中身も変わってくる。

「おはよう。今日は〝暖かい〟ねえ」

「おおかた、山は……火事だんべ」


とまあ、付け焼き刃はうまくいかないよねという話なのだが、この話から感じるのは、私たちはつくづく「権助さんの子孫」なんだな、ということに尽きる。

人前で話すことがとても苦手で、ちょっとした挨拶もオウム返しする程度しかできない。口べタな権助さんに共感するから、こうした小咄が未だ語り継がれるのだろう。

ただ、これは仕方がない面もある。

うまいこと言うなぁ、と相手を少しでも感心させるような洒落た会話を習得するには、訓練が必要であるからだ。


スピーチでも雑談でも日本人に比べて、あきらかに欧米人のほうがうまい。

先に述べた通り、他者と話さざるを得ないことから話し慣れる……ということも当然ある。加えて「話し方の訓練」をしていることも大きいだろう。

国語教育の一貫として、英語圏の学校では大抵スピーチや交渉やプレゼンテーションを教える。こうして、また話すことに慣れていく。

だから、名スピーチというとリンカーンやキング牧師、あるいはスティーブ・ジョブズなどの名前があがるわけだ。日本人の日本語での名演説は？　と問われると、「はて？」となる人がほとんどだろう。

背景にあるのは、日本の国語教育に「文章至上主義」のようなものがあるためだ。

日本で国語というと、何しろ文章、たとえば作文が重視される。

「作文力を上げるにはどうすればいいのか?」

「読解力を上げるには何をすればいいのか?」

そうしたことが国語教育の本筋になる。

日本人には「おしゃべりははしたない」「むだ口は無意味だ」という、ある種の美的感覚があるからだろう。

しかし、とても貧しいことではないだろうか。

そもそも文字に書かれた言葉をあがめすぎ、音声言語を軽んじるのは大きな間違いだ。

たとえば、最もありがたがられる文字で書かれた言葉といえば、宗教の教えを記した聖典になりそうだ。

しかし、キリストや釈迦、孔子やムハンマドという宗教のカリスマたちは、自ら文章を記したわけではない。すべて彼らが言った言葉を残した「言行録」である。

かの哲学者ソクラテスも、弟子のプラトンに「文字はつまらないものだ。修正せず応えることもない。議論ができない」と言っている。

ようするに、話し言葉を軽んじることは、言葉の力を軽んじていることと同じなのだ。話し言葉こそが、保守本流なのだ。

日本の政治家は、官僚の作文を読み上げるだけのことが多い。書き言葉を読み上げている。カリスマたちの逆のことをやる人間に、人々は心底ついてくるだろうか。

国会でまともな議論ができないのは、日本の国語教育に起点があるということだ。この意識から変えなければ、私たちはなかなか権助さんを卒業できない。

6

浪費される御礼と謝罪の言葉

「ありがとう」がいらない世界で

巷《ちまた》にあふれすぎて、さすがにこれはむだではないか、と思う言葉がある。

「謝罪」と「感謝」のそれだ。


テレビをつければ、まず謝罪の言葉のオンパレード。

芸能人は「不倫してごめんなさい」。政治家は「嘘をついていてすみません」。会社の社長は「会社がつぶれました。もうしわけありません」。少し多すぎではないだろうか。

感謝の言葉は、街にあふれている。

自動販売機でボタンを押しただけで機械が「ありがとうございました」。居酒屋でチューハイを一杯頼んだだけで「はい。喜んで！」とお礼を言われる。少し声が大きすぎではないだろうか。

先日、「『ありがとう』と『ごめんなさい』があふれる社会にしたいので話を聞かせてくれ」という取材があった。

だからつい本音を言わせてもらった。

「ありがとうとごめんなさいがあふれる社会って、きっとあまりよくない社会ですよ」と。

モンゴルの遊牧民は、他人の家に泊まったり、もてなされたりしても、「ありがとう」とも「すみません」とも言わないという。

彼らは広大な砂漠で、大きなテントを張って暮らしている。砂漠は寒暖差が激しく、他の動物も多い。夜に外にいれば危険がたくさんある。だから、外で活動していて夜になってしまったり、旅の途中で宿が見つからなかったりすると、見知らぬ相手でもこうしたテントに泊めてもらうこと、あるいは泊めてあげることがある。

そして翌朝。テントから出て行くとき、私たちの感覚だと「ありがとうございました。助かりました」くらいは言いそうなものだ。けれど、モンゴル人は言わない。感謝の言葉を口になどせず、「じゃあね」くらいで去っていく。

理由がとても興味深い。

彼らにとって、「他人を助けること」や「他人に助けられること」は当たり前なのだ。厳しい環境条件の中では泊まるところが無い人を家に泊めたり、お腹を空かせた人に食べ物を渡すのは、当然のこと。いつ自分が逆の立場になるかも分からない。だから「ありがとう」なんて他人行儀はいらないというわけだ。

誰しも気負うことなく他人を頼れる社会が成立している。こうしてモンゴルには、お互いを支え合う「お互い様」の関係性が当たり前のようにある。

「ありがとう」「すみません」「ごめんなさい」。

今の日本にそうした言葉が過剰にあふれているのだとしたら、もしかしたら他人を頼りにくい社会になっているのかもしれない。思いやりや優しさが「当たり前ではない」世の中になっているのかもしれない。

御礼と謝罪から見る「交換経済」社会

「ありがとう」「すみません」「ごめんなさい」――。

そもそも、こうした感謝や謝罪の言葉を「補償の挨拶」という。

その言葉をかける相手にとって、何かしら損をさせてしまったとき、その〝補い〟や〝償い〟を言葉で表しているわけだ。


それぞれの言葉は、補償のバランスが少し異なる。

「ありがとう」は、言った人間が得をしたときに言う言葉。同時に、言われたほうも損をしていないときに使うのが普通だ。

しかし、「すみません」は相手が損をして、その分、自分が得をした場合に使う言葉になる。

だから、電車で席を譲ってくれた相手に対しては「すみません」と言ったほうがぴったりくる。席を譲ってくれた人は、自分が損をして快適な環境を与えてくれたからだ。

買い物したとき、レジで「ありがとうございます」ではなく「すみません」と言ってくる店員さんがいたら、違和感があるはずだ。

「あなたから得たお金で、うちの店が得しました。もうしわけない！」と、何だかボッタくられた気すらしてきそうだ。

そして最後の「ごめんなさい」は、相手に損をさせてしまった場合に使う言葉だ。

ポイントは、だからって自分も得をしていないこと。

たとえば、相手の持ち物を壊した場合は「ごめんなさい」のほうがしっくりくる。


つまり、他者と自分の間で「損得」のバランスが崩れたことを調整する役割が、これらの言葉にはある。

「ありがとう」や「ごめんなさい」があふれる社会というのは、何だか常に「損した、得した」と考えている世の中だ、ともいえるかもしれない。

私には、これが少しいやらしい社会に見えてしまう。

だから、やたら「ありがとうございます！」と叫ぶ居酒屋は「たくさん感謝しているんだから、たくさん注文してくれ！」と迫っているような感じがして、とてもイヤなのだ。

少なくとも、ただ「謝ればいい」、ただ「感謝しておけばいい」ように聞こえる空虚な「ありがとう」や「ごめんなさい」は言われたくないし、使いたくない。

では、どうすればいいのか？

言葉以外の表現を使えばいい。

「拈華微笑《ねんげみしょう》」という言葉がある。

お釈迦様が、弟子に仏教の奥義を伝えようとしたとき、花をピッと摘んだだけで何も語らなかった。けれど、一番弟子だけが「分かりました」と微笑んだ……という逸話からきている故事成語だ。

ようするに「以心伝心」。言わずもがな、人と人の心が通じ合うことはあるよ、ということだ。

人間はコミュニケーションにおいて、言っている言葉の内容よりも、ボディランゲージや表情といった言語以外の視覚表現から意味を感じ取るといわれる。

これを実践すればいい。「ありがとう」と言うよりまず会釈して感じよく微笑む。「ごめんなさい」と謝るだけじゃなく、恐縮して深々と頭を下げ、相手の不利益になった言動をすぐ改善する。そのほうが、よほど伝わるのではないか。

言葉とはとても使い勝手のいいものだ。

表面には見えにくい心のうちを外に出すことができる。けれど、やはり言葉はツールでしかない。言葉では伝えきれない感情や意思というのが、私たち人間にはあるのだ。

真っ当に〝怒る〟ために必要なこと

「保育園落ちた日本死ね!!!」

少し前だが、そんなタイトルの匿名のブログが、話題になった。

「一億総活躍社会じゃねーのかよ」「不倫したり賄賂受け取ったりウチワ作ってるやつ見繕って国会議員を半分位クビにすりゃ財源作れるだろ」と保育園を落ちて働けなくなった母親が国会議員に怒りをぶちまけた。これを安倍さんが「本当かどうか……」とあしらったら、世間の怒りを買った。

結果、待機児童問題に対する緊急対策を発表するまでに至ったわけだ。

すごく「よい怒り方をしたなぁ」と思った。

確かに「死ね」などという言葉は、キタナイ。

しかし、他の言葉を使っていたら、あそこまで話題になったかどうか。

あえてキタナイ言葉で、当事者ならではの不満を強調して伝えたかったのだろう。

だからこそ世間が動き、状況が動いたのだ。


「怒る」という行為は、一見、むだなエネルギーの消費に見える。

駅や道端で何かにキレている人はとてもみっともない。

しかし、本来「怒る」という行為は、目の前の問題をあきらかにして指摘することで、改善させることが狙いにある。だから子どものしつけ、部下の指導、チームの叱咤激励などで使われるわけだ。


そう考えると怒る側は、「相手がどうすればもっとよくなるか」「改善点を的確に理解できているか」ということがとても大事になる。冷静に建設的な意見を言えるように用意をしていなければ、ただただ怒りの感情をぶつけるだけの、けむたいクレーマーになってしまう。

怒ることは手段であって、目的ではないのだ。

自分に対する冷静な分析力や、怒る相手に対するいくばくかの愛情のようなものがなければ、むだに怒るのはやめたほうがいい気がする。


それもあって、私は怒ることが苦手なのだ。

大学の講義で、学生たちがうるさいと「静かに！」と怒鳴りたくなるときがある。

しかし、怒ると皆がすぐにシュンとなる。そのあとで「ではこの言葉の意味ですが……」と何もなかったように授業に戻るのは、ちょっと気恥ずかしい。だから怒らない。

とくに最近の若者は怒られることへの耐性が低い気がする。

レポートも「ここはこうしたほうがいい」と助言しただけで「ダメ出しされた！」と大騒ぎしてしまう。

ただ考えてみると、今はダメ出しばかりする人間が増えて、若者たちが萎縮してしまっているからかもしれない。

「あいつは使えない！」

「あの店はダメだ！」

「あの映画はクソだ」

ネットなどでは、何かと否定することに熱心な人ばかりが目立つ。

しかし、「ではどうすればいいか」まで踏み込む声は少ない。

ダメ出しだけでは、相手が聞く耳を持つはずがない。そんなものは〝クソ〟なのだ。

7 会話を楽しむための「知恵」

口下手流・聞いてもらえる話し方

日本人は、人前で話すことが苦手だ。

ここでも何度か書いてきたし、これまで何度も講演などで話してきた。だから、私のところにはこういう依頼がたまにくる。

「では、うまく人前で話すにはどうすればいいのか?」

日本語にはスピーチ上手で知られている人があまりいない。だからといって、ジョブズやオバマやキング牧師のような、英語でうまく話す人を日本語で真似るのも、何だか気恥ずかしい。

そこで私は「落語」をすすめたい。

落語には、決まった型がある。

「マクラ」で始まり「本編」に入り、最後に「オチ」で終わること。

この構造を意識して、話してみたらどうだろうか。

導入となるのが「マクラ」だ。そもそも「頭につくもの」という意味でマクラ（枕）といわれるが、話の冒頭に入れる本題とはまた別のちょっとした導入の雑談などのことだ。

何かを伝えたいときに、いきなり本題から入るのはいかにも無粋で味気ない。よほど中身があるなら別だが、いつも大層な中身があるとは限らない。

まずは「聞く耳」を持ってもらうことが先決で、そこでマクラの出番なわけだ。

もっとも、マクラの内容は大した話じゃなくていい。「今日は寒いですね」という天気の話題でも、「選挙が近いですねえ」などといった時事ネタでも構わない。とにかく本題に入らず、話し始めるだけで「おっ（何を話すんだ？）」と惹きつけられる。

マクラの次がいよいよ「本題」。

これはシンプルに、簡潔に話すことを意識すればいいだろう。聞く耳を持った相手は、「あなたの話を聞いてやろう」という準備ができている。マクラがあるからこそ、本題が豊かに響くわけだ。

本来、落語において最も大事なのが、最後にくる「オチ」だ。

ただこれも凝る必要はない。ようはそれまで続けてきた本題の流れや角度を「少しだけ変える」ことだと考えよう。

たとえば、誰かにウンチクを伝えたいとき。本題ではエラそうなウンチクを伝えておいて、しかし最後に「まあこの話、私も昨日知ったんですけどね」と入れたりする。

あるいは、笑い話をしたいときは、逆にちょっと人情をくすぐるようなよい話で終えたほうが、相手を引き込める。

「マクラ」→「本題」→「オチ」。

この構造を知っておくだけでも、話はぐっとよくなる気がする。

ただし、人前で話すときはマクラより前にしっかりと「名乗る」ことを忘れずにしておきたい。

結婚式のスピーチなどでよく、「新郎の上司のウニャウニャです……」などと名前をはっきり言わない人がいる。

「誰が何を話しているか」が分からない状態ほど、苦痛なことはない。

話している音もはっきりと聞こえるように、一定の高さで話すように意識するといいらしい。作文で、名前をしっかり書かないと零点になる。字が汚いのも減点対象だ。

書くも話すも同じなのだということを忘れずにいたい。

円滑な人間関係に必要なのは、薄く広い知識

講演会に呼ばれると、私はこんなふうに話す。

「こんにちは。金田一秀穂です。〝金田一〟というと、京助とか春彦とかいろいろいますが、私はその三代目なんです。あと金田一耕助って人がいますね。彼と私は……まったく関係ありません。最近では、金田一少年と間違われそうですが、あれこそまったく関係ないですね。本当です。『じっちゃんの名にかけて！』」

とまあ自己紹介をかねて、できればふふっと笑わせてリラックスしてもらいたいと思うわけだ。マクラである。

講演に限らず、セールストークでも雑談でも、誰かに何かを伝えたいときは「最初にどんな話をするか」がとても大事だ。誰しも自分が好意を寄せる相手や興味のある内容でなければ、なかなか「意欲的に話を聞いてやろう」とまでは思ってくれない。

裏返せば最初のちょっとした雑談で、すっと相手の心を〝つかむ〟術を知っていることは、大きな強みとなる。雑談なんてむだといわれるが、違うのだ。

この「つかみ」がうまいなと感心するのが、小泉進次郎議員だ。

彼が人気なわけは、甘いマスクだけではない。

街頭演説や講演会のときの「つかみ」は一級品だ。

中でも、方言を使ったつかみは、百発百中である。

たとえば、秋田の村では彼は「いっぺぇ集まってけれ、まんずまんずあんがとうございます」と挨拶していた。ところ変わって、鹿児島に行ったときは「こんにちは。ありがとごわす」と薩摩弁を使う、といった具合だ。

人は自分と同じ言葉を話す相手を好きになるものだ。

言葉が通じ合うことは「あなたと私は仲間ですよ」という意思表示になるからだ。

加えて、方言を話す人は標準語を話す人間に、少なからずコンプレックスを抱いている場合が多い。

そこで、普段は標準語を話す、シュッとしたスター議員が「まんずまんず」なんて自分と同じ言葉を気さくに使ってくれたら、間違いなくうれしい。進次郎さんは、その効果をよく分かっているのだろう。父親である小泉純一郎元首相から学んだのかもしれない。


ちなみに私の祖父・金田一京助も、方言で〝つかむ〟人だった。

アイヌの言葉を専門にしていた彼は、よくアイヌの人たちと会ったが、初対面のときに彼は必ず自分から「イランカラプテ（こんにちは）」とアイヌ語でニコニコと挨拶した。すぐさま仲良くなれたそうだ。

「閉ざされた心の扉を開くカギは、言葉にある」とはそんな京助の言葉だ。

まさにつかみの効用である。うちのじっちゃんはなかなかいいことを言う。

つかみ上手になりたいなら、「相手の関心事」を知っておくことも大切だ。

サッカー好きの相手なら「昨日の代表戦、清武のプレイすごかったですね！」と言えば、ぐっと距離が縮まりそうだ。もっとも、サッカーなんて興味がない相手に同じセリフを使ってしまったら「何だよ。興味ないよ！」とむしろ心の扉を閉められるかもしれない。

同じ理由で、つかみのために「ネタ」をストックしておくのも大事だろう。たとえば初対面で相手の出身地が「盛岡だ」と耳にしたら「あ、いいな〜。僕、宮沢賢治が大好きなんですよ」なんて言ってつかむようにしておく。または「新潟です」ときたら「お、坂口安吾！」と返せるかどうか。こうした知識のストックは、とても大切だ。

ポイントは「広く浅い知識」をストックしておくことだろう。

変にくわしすぎたり、こだわりが強いと「安吾といえば『白痴』？　素人っすね。『桜の森の満開の下』でしょ」なんて物言いをしてしまい、いらぬ火種のもとになりかねない。つかみの目的は、あくまで「親しく話せる距離感」を創り出すこと。話せる距離を遠ざけてしまったら、本末転倒だ。

言い換えると、つかみで最も大切なのは「目の前の相手がどんなことで〝つかんでほしいか〟察知する力」なのかもしれない。

よく何も聞いていないのに「いやぁ日曜日にゴルフ行って焼けちゃって」とか「このジャケット、昨日買ったんです」なんて自分の興味がある話をしてくる方がいる。とてもつかみがヘタだと思うのだが、裏返せば「僕、こういう話題で話がしたい。このあたりでつかんでほしい！」と訴えているともとれる。

ならば「ゴルフいいですね。スコアは？」とか「お似合いですねえ」などと踏み込んで、こちらからつかんであげればいい。

閉ざされた心を開くカギは、静かに相手から提示されているものだ。

仲間言葉は存分に使う

「モテ髪」というらしい。「モテ服」もあるという。「モテしぐさ」も流行っている。それぞれ異性の心をつかむ、モテる髪型、モテる洋服、モテるしぐさのことで、ようするに、皆、モテたくてモテたくて仕方ないのだろう。

少なからず理解できる。

しかし、「モテ言葉」というのはあるのだろうか。

それは決して口達者であることではない気がする。

流行りの言葉を駆使することでもないだろう。

私は、さりげない教養をはさみこむことではないかと踏んでいる。

エビデンスは、光源氏だ。


『源氏物語』は平安時代に紫式部が書いた小説だ。

その主人公、光源氏は日本文学きってのプレイボーイとして知られている。なんといっても、十数名もの女性とつきあうのだ。

彼の得意技は、「和歌」だった。

光源氏は、宮中で見かけた美しい女性たちに声をかけるとき、ただ「好きだ」「愛している」などと言うことはなかった。彼女たちに情熱的な和歌を贈ることで、気持ちを伝えたのだ。またそこに『古今和歌集』や『万葉集』の一節を忍び込ませる、という洒落たことをしていたのだ。

もっともポイントは、宮中の女性たちの側も『古今和歌集』の歌などを教養として知っていたことだろう。そんな相手の好みに沿ってオタク的な知識を垣間見せたからこそ「いいセンスしてる！」と共感され、すっと女性たちの心に近寄れたわけだ。

人は自分と同じ趣味嗜好《しこう》の人間を好むものだ。狭い教養の世界を、あれこれと話し合うことは実に楽しい。一種の「仲間言葉」である。

自分たちにしか通じない言葉を、存分に話せることは幸せだ。

教養の対象は何でもよい。

「『ラピュタ』はさ、パズーのラッパの音色がいいよね」などと言えば、ジブリファンは初対面でも盛り上がれる。

「ジョニー・デップの映画といえば、『クライ・ベイビー』が好みかな」などと言えば、ジョニー・デップファンはあれこれと批評し合える。

同じ嗜好を持つ者だけが共感できる、そのジャンルの「一般教養」。相手の興味に沿ったそれを、うまく会話に織り交ぜることは、異性に限らず、人との距離を縮める会話になるわけだ。ポイントは「相手の興味に沿っている」ことだ。自分が話したいのではなく、相手が話したいことを存分に話させる。いかにもそれはモテそうではないか。

ちなみに光源氏の時代は、夜となれば真っ暗闇だった。

作中「イケメン」とされているが、光源氏は顔が見えないまま会話だけで女性をオトした可能性が高い。容姿を問わず使えるという意味でも、オタク的博識で迫るテクはオススメしたいところだ。私もまだイケるのではないか、とそんな夢まで持てる。

恥ずかしいツッコミと、もっと聞きたいツッコミ

人間には二つのタイプがいる。

「ボケ」と「ツッコミ」だ。

そもそも漫才用語だが、言うまでもなく、ボケとは、普通ではない突拍子もないことを言う役回り。

そんなぶっ飛んだ発言に対して「(普通と)違うだろ!」と指摘するのが、ツッコミの役回りだ。言ってしまえば、ツッコミというのは常識という名の「額縁」である。

自由奔放なボケの言葉は、放っておくと収拾がつかない。

また何が「普通か」が分からないと、ボケの発言がどれほどぶっ飛んでいるか伝わらな

い。そこで「常識の枠組み」にあてはめるツッコミが必要になるのだ。

だから「暑は夏いねえ」みたいなボケに、「逆だろ！」とツッコむ。

そのおかげでボケがどれくらいぶっ飛んでいるか。常識との〝距離〟が明確になる。

「それ、ズレてます」と指摘することで、笑いが生まれやすくなるわけだ。

これでボケたほうも報われる。ウケるならもっとボケたい、笑わせたい。話し続けたい、となるわけだ。


こうしたツッコミの役回りは、日常の会話でも大いに役立つ。

たとえば、ツッコミがうまい人は、初対面の人との雑談などで会話が弾む。

以前、対談した壇蜜さんなどは、まさにそんなツッコミ上手な人だった。

こんなやりとりがあった。

以前、ＮＨＫの中国語講座に出演していた彼女を観ていた私は、「外国語が苦手だろうな」と感じていた。外国語が上達する人の特徴は、自分を忘れて「外国人になりきれる」タイプである。しかし、壇蜜さんは自らをキャラ付けして演じるタイプ。そのキャラを捨てられないから、「自分を忘れる」なんて難しいだろうなと思っていたわけだ。

だから、対談の最初に「語学、苦手でしょ？」と聞いたのだ。

すると彼女は、にっこり笑ってこう返した。

「先生。それを見破られたの、大学のとき以来です」。

実にうまいと思った。

彼女はホステス時代、「そんなこと言われたの初めて！」という言葉をよく使っていたらしい。男性はそう言われるとうれしくなって、ぐいぐい話し、ぐいぐい呑むという。

実に怖いと震えた。

しかし、実にうまいツッコミでもある。

私のボケをうまく受けて、もっと話したいと思わせてくれた。

よいツッコミができる人というのは、よい相槌《あいづち》ができる人なのだと思う。相対して対話する相手が気持ちよく話したり、ボケたりできる相手なのだ。


たまにお笑い芸人のマネをして、むだに大声で、人を罵倒するような言葉を吐いては、「俺はツッコミだから」と胸をはるような人間がいる。

大きな間違いだ。必要なのは、まず「共感」なのだろう。

ツッコミは、精神分析医のようなものだ。

精神分析医の北山修さんに聞いた話だが、彼らは患者と二人きりになって、すぐに診断して、分析結果を話すようなことはしない。まずはじっくり傾聴して、「他の人は自分のことを嫌いに違いないと思い込んでいますね」とか「甘えたい気持ちがありますね」と、患者の心を映し出す鏡になるようなことだけを言う。

人は自分の心を自分で知ることが難しく、他人の目に映った自分の姿を聞くことで自分を知ることができる。その手伝いをするためには、しっかりと患者の声を受け入れて、共感する姿勢を見せる必要がある。根底にあるのは「愛情」なのは言うまでもない。

悪意と中傷しかないツッコミは、気持ちを塞がせる。

愛情と共感にあふれたツッコミは、気持ちをほぐし、心を開いてくれるのだ。

どんな相手も気持ちよくする最強のほめ言葉とは

「アタマ、いいですねえ」

先日、そんな風にほめられた。

相手は日本を代表する俳人である金子兜太《かねことうた》さん。もう九十八歳だが、とてもお元気で、僕は彼と一緒にある俳句コンクールの選者をやっているのだが、その選考の場で言われたのだ。もっとも、ほめてくれた「アタマ」というのが、中身ではなく髪型だったことが少し気になった。「どう手入れしているの？」と聞かれ、面食らったが、髪型をほめられたことも初めてだったので、うれしかったし新鮮だった。


一般に、日本人は「ほめる」のも「ほめられる」のも苦手だ。

謙遜を美徳とする感覚も影響しているのかもしれないが、ほめられるとどこかくすぐったく感じてしまう。だから欧米人のように「センスのいいシャツだね」「君は面白い男だね」などと、気軽に外見やキャラクターをほめるようなことをあまりしない。

ただ当たり前だが、そんな日本人も、ほめられたらほめられたで「うれしい」もの。

個人的には、日本人同士ももっと意識して、ほめ合っていいと思う。私のこともっとほめてくれていい。髪型以外で。

ただし、ほめ合うときに、少しだけ気をつけたいことがある。先輩や上司、つまり「目上の人間」をほめると、ときに失礼にあたるということだ。

「さすがですね」「感心しました！」

つい、先輩や上司に向かって、言ってしまっていないだろうか。

しかしこれらの言葉は、煎じ詰めれば「相手を自分のモノサシで推し量っている」ことを意味する。言葉には現れていなくとも、「あなたは優れている」「これは八十点程度のデキですね」という〝評価〟のニュアンスが込められている。

評価とは、本来、上の人間が下の人間にする行為だ。

だから、上司が「(評価を)下す」になるのだ。

どことなく、上から目線になるのはそのためだ。

では、目上の相手はほめちゃダメなのか、というとこれも違う。ほめ方を変えればいいのだ。

どうするか？

「はぁ〜」とか「ほう！」とか「あ〜！」と、評価を感じさせる言葉などを使わず、感嘆のため息をもらすのだ。

人が最も多く情報を得るコミュニケーション手段は、言語ではなく「非言語コミュニケーション」だという。言葉より、それを伝えるときの態度や表情、声のトーンからこそ、人は多くを感じ取る。

だから、態度や声でも「ほめ称える」感情は十分に伝えられる。しかも「あそこがいい」「八十点」といった具体的な評価やモノサシをさしこまずに済む。

考えてみたら、うれしいときの「わー！」とか、風呂に入ったときの「あ〜」とか、感情が本当に高ぶったときは自然にこうした、言葉にならない声が漏れるものだ。

これはいわば原始の声。動物の鳴き声に近い。「ぐるるる……」や「にゃあ」だ。だから、とても相手をすばらしいとほめ称えたいときも、変に左脳的な評価などは抜きにして、「はぁ〜」と言ったほうが、根っこの気持ちやシンプルな感動が伝わりやすいのだろう。

猫をなでていて、そいつに「さすが。気持ちいい！」と言われたら、少しイヤだもの。

ほめるのが苦手な人へ

目上の人以外の相手、部下や後輩、あるいは立場が同じくらいの相手をほめる場合は、次の二つのポイントを意識するといいだろう。

一つ目は「自分の専門や得意な分野」について相手をほめることだ。

私自身は他人にほめられて、強烈にうれしかった思い出が二つある。

まず立川談志さんに「あなた、面白いね」と言われたこと。

さらに筒井康隆さんに「あの本、よかったよ」と言われたことだ。

落語の天才に「面白い」と言われ、SFの神様に「本がよかった」と言われたら、もうそれだけで天にも昇るような気持ちになるのは当然だろう。

これをマネてみる。

企画の仕事をしている人から「よくそんなユニークな発想が出てきますね」と言われたらとてつもなくうれしいはずだ。クルマの整備士に「丁寧に乗ってますね」と自分のクルマをほめられたら、それは、何だかこそばゆい。

「誰にどうほめられたらうれしいか」を意識すると、ほめることにぐっと深みが出てくるのだ。

だから、国語学者である私はたまに「あ、今のいい言葉だね」とほめる。きっと喜んでもらえるかなと、少し意識している。


二つ目は「ほめるポイントをズラす」ことだ。

以前、ホストの人に聞いたのだが、彼らは女性をほめるとき、必ず相手が〝ちょっとだけ気にかけていそうなところ〟をほめるという。

顔がきれいな女性に「きれいだね」は聞き慣れているから効かない。

けれど、よく見たら彼女は結構凝ったネイルをしていた。そこをつくのだ。

「ネイル、すごくかわいいね」と。

すると「でしょ！」と盛り上がる。よくぞ気づいてくれました、となるわけだ。


私の場合は、教え子の留学生に「日本語うまいね」とは絶対に言わない。

みんなそれなりに日本語がうまいため、あきらかにいろんなところで「日本語が上手ですね」と言われ慣れているからだ。聞き慣れた言葉など、何も響かない。

だから「アクセント」とか「滑舌」とか、相手がちょっと意表をつかれる部分を指摘して、ほめるのだ。こうして彼らの学習意欲を刺激するようにしている。

つまるところ、ほめるには相手のニーズをうまくつかむような観察眼が不可欠ということなのだろう。しっかりと相手を慮《おもんぱか》るような誠実さがあれば、自然とうまいほめ言葉が出てくるのかもしれない。

ほめるのが苦手というあなた。しっかり、相手を見ていますか？

8 会話を楽しむための「悪知恵」

嘘こそ、社会で生きる人間の常識

人は五歳くらいまで、嘘をつくことがほとんどない、とすでに書いた。

頭の中で考えている言葉を「内言《ないげん》」といい、口に出して言う言葉を「外言《がいげん》」という。子どもは、この内言と外言の区別がついていないのだ。だから、やたらと独り言が多い。見たまま、感じたままを、そのまま声に出しているだけなのではあるが。

だから、何か欲しいものがあったら、あきることなくねだり続ける。人目もはばからず、周囲の抑制も聞かず、寝転がって手足を大胆に床に打ち続ける。

思考と言語が一致しているからこそできる、タフな交渉スタイルである。

これを「正直」という。思考と言語が繋がっているから、嘘ではなく真実しか口から出てこない。

しかし、六歳くらいになると、子どもは正直ではなくなり始める。

嘘をつくのだ。

現実と違うことを言ってみても、現実が変わらない、ということに気づくのだろう。

たとえば、「母親のいいつけとは反対のことをしてみる」。

最初は恐る恐るだが、現実が何も変わらないことに驚き、それが面白くも感じてくる。

頭の中で思っていたことと、口に出すことが違っていいのだという、大発見をするのだ。

洗ってないけれど「手を洗った」と言えば、ラクだ。やってないけれど「宿題は終わった」と言えば、早く遊べる。さらに母親に「お母さんなんて嫌い。死んじゃえ！」と言っても母親は死なないのだ。

かわいかったあの子はどこにいったのだろうか、と親はちょっとだけ思う。

けれど、それは彼らが社会で生きるための大事な術を手に入れたことでもあるのだ。

内言と外言が一致しなくなるから、独り言が減る。

本当は喉から手が出るほど欲しいものでも、大声で「欲しい欲しい！」とねだることをやめたほうが、周囲からかわいがられることを知る。

あまり美味しくないお菓子を親戚のおばさんからもらったが、「美味しいです」と言ったほうが、事を荒立てないで済む。

多少の理不尽とぶつかったときも、何とか乗り越えてやろうというタフさも手にする。

あるいは、適当に流して、逃げ出してしまうという手立てだって思いつく。

嘘をつくことこそが、社会で生きる人間の常識なのだ。

嘘はあながちむだではないどころか、とても必要ということだ。

ちなみに、年をとると、また独り言は増えだす。内言と外言が、ふたたび一致し始める。

かつてしていたオムツが、その頃、また必要になる。

嘘を楽しむには〝知恵〟がいる

嘘つきのことを、かつて「ほら吹き」といった。

吹くと見た目以上に、大きな音が出るホラ貝が、その語源だという。

物事を大げさに〝盛って〟話すことをうまく表しているというわけだ。

こうしたホラや嘘は会話を盛り上げるエッセンスとしてよく使われる。


私の教え子の韓国人学生はこんなホラを吹いていた。

日本人の女生徒に「韓国って徴兵制度があるよね」と話しかけられた彼は「そう。僕は湾岸戦争で何発もミサイルを撃ったんだけど、それによって罪のない人たちを傷つけてしまった。今も罪悪感にさいなまれているよ……」なんて言う。

元より時代が合わないし、韓国軍はイラク戦争で戦闘してない。あきらかな嘘だ。

しかし彼女は目を潤ませて言った。

「ええっ……かわいそう！」。


笑い話なのだが、怖い話でもある。

ホラ話は、真実を知らないと笑えないのだ。

最近は、インターネットやＳＮＳによって、デマがすぐ生まれ、拡散していく。

真実を知らないまま社会に繋がっている人がとても多い証拠ではないだろうか。

嘘を嘘と見極める知恵がないと、それはときに狂気にすらなる。

一九六〇年代、フランスのオルレアンという都市で、あるブティックの試着室に若い女性が入ると「試着室で薬物を注射されて、売春婦として売られる」というデマが広まった。もちろんそんな事実はない。しかし、一部の人がこれを真に受けて、ブティックを取り囲み、暴動騒ぎにまでなったという。

エドガール・モランというフランスの社会学者がこの事件を調査すると、こうしたデマの根源にあったのは「そうあってほしい」という、人々の願望だったという。

大衆が抱く、旧来の商習慣と違うブティックへの妬み。若い女性が一人で入って着替える、という試着室への淫靡《いんび》な妄想。それが、エロチックで迷惑なデマになった。

「そうに違いない」「そうだったら面白いな」という、人々の願望から生まれ出るのが、こうしたデマの正体というわけだ。

世の中に不満を抱えている人は、すぐに「誰のせいだ？」とスケープゴートを求める。そこでふっと「これはあの人たちのせいに違いない！」などと吹聴すると、それが嘘でも簡単に伝わる。冤罪《えんざい》、バッシング、炎上――。こうした例は枚挙に暇《いとま》がない。

「嘘も方便」という言葉がある。

もともと法華経《ほけきょう》の教えの一つで、家が火事になり、子どもたちに「逃げろ！」と言っても動かない。そこで「外に出たら玩具《おもちゃ》をあげるぞ」と嘘をついたら「わーい！」と子どもたちが飛び出して助かった、という逸話から転じた言葉だ。

「目的を果たすためなら嘘をついていい」ということだが、その意味するところを今一度かみしめたほうがいいのかもしれない。

その目的とやらをしっかり見定めておかないと、私たちは簡単にデマに踊らされる。

嘘をつくほうも、正しく楽しい目的で使わないと恐ろしい事態を招く。

オノマトペの恥ずかしくない使い方

「ざわざわ」「コトコト」など物が出す音や声を表す擬声語。

「ざっくり」「むっちり」など物の様子を表す擬態語。

オノマトペといわれるこうした言葉を日本人はとても自然に、また頻繁に使う。

一説では日本語にはオノマトペが四五〇〇種類はあるとされ、他の国の言葉と比べると異常なほど多いという。

だから海外の人にしてみると、どうも使い方が難しいらしい。

先日も教え子の留学生に「天ぷらの衣を表現するときに使う『サクサク』は、英語のcrispでいいか?」と聞かれた。「いや、crispは『カリカリ』に近い。ソフトクリームのコーンはカリカリだな」と、伝えながらも、何だかよく分からなくなってきた。

それにしても、なぜ日本語にはこうしたオノマトペが多いのだろうか。

それは日本語が、すこし大雑把な言語だからだ。


日本には、もともと「和語」と呼ばれる日本固有の言葉がある。

いわゆる訓読みで使う言葉のことで「やま」「かわ」「あるく」「はかる」といった類だ。

しかし、和語の弱点は大雑把なことだ。

たとえば「はかる」といっても計測する「はかる」もあれば、何かを企むときの「はかる」もある。どっちも「はかる」だか、それひと言では分からないことが多い。だから、私たちは中国から漢字を借りてきて、前者なら「測る」、後者なら「図る」と使い分ける。

それでも漢字だけではカバーしきれない表現も残った。

たとえば「あるく」。

確かに「歩行する」で、意味は通じるが、もっと細かくその様子を伝えたいときがある。絵が浮かぶように、歩いているさまを伝えたいのだ。

オノマトペの出番である。

「とぼとぼ歩く」「よちよち歩く」「てくてく歩く」「のしのしと歩く」——。

するとと「元気なく歩いているな」とか「大きな歩幅でエラそうに歩いているのね」と、まるで目の前で歩いているように、俄然、視覚的に伝わってくる。

このように、大雑把だった日本語をカバーするように、微妙で細やかな表現ができるオノマトペが日本語にはやたらと増えたのだ。何だか稚拙な表現のように見えるオノマトペは、むしろ足りない言葉を補う力があるわけだ。

ただし、オノマトペを使いすぎると、「少しだけバカに見える」という問題はある。他の言葉と違ってオノマトペは「自分勝手につくれる」からだ。

たとえば先述した「歩く」。もっとその様子をリアルに伝えたいと考えた結果、「ぽりんぽりん歩く」などと表現をつくってもまったく構わない。構わないのだけれど、センスよく音を選ばないと、何のことか分からない。それは言葉を覚えたての子がうまく発音できない「幼児語」と同じに響く。使うのが幼児ならまだかわいいのだが、大人が使うのはどうか。だから、極端にオノマトペを嫌う人もいた。井伏鱒二《いぶせますじ》は、文章でオノマトペを意識して、ほとんど使わなかったという。

一方で、すばらしい表現手法として、各時代にマッチしたオノマトペも数多くある。日本最古のオノマトペは『古事記』に出てくる。イザナギとイザナミが海をかきまぜる場面で「こをろこをろ」と使われている。『平家物語』でも那須与一が弓を引くところで「ひやう」と放ったと書かれている。とてもユニークだ。

また無音を表す「しーん……」というのは、手塚治虫がマンガで使ったのが初めてだという。音が無いさまを擬態語にするというのは、まさしく天才のなせるワザだろう。最近のもので私が好きなのは「さくっと終わらせる」というやつだ。あれは軽々しさを実に言い表していると感じる。

ビジネスの場や家庭で、あまり使わないほうがいいオノマトペというのがある。「〝きっちり〟対応しろ」「〝ちゃんと〟やります！」といった言葉だ。きっちり、ちゃんと、って何をどこまで？

曖昧さをなくすためのオノマトペを使って、さらに曖昧にしてどうするという話だ。上司や部下がこうした言葉を使っていたら、必ず聞き返して「程度」を確認したほうがいい。「すみません。〝ちゃんと〟話してください」と言い返そう。

「日本人の９割が知らない」と言うけれど

序破急という。

そもそも雅楽の演奏について使われた言葉で、無拍子な「序」からはじまり、「破」で拍子がついて、「急」で速くなって、一曲を終えるという三部構成のこと。これを能や居合や茶道といった、芸道すべてに通じる「道」だと世阿弥《ぜあみ》は書いている。

ようするに、基本や型をまず知ったうえでそれを壊すことが肝要だ、ともとれる。

会議でもミーティングでも、誰かとの雑談でもいいのだが、会話の中でも、あえてそんな「枠を壊す」ようなことをやってみると、コミュニケーションのフックとなって、会話が弾むかもしれない。

ヒントになるのが、本のタイトルだ。

書店にいってふらりと書棚を眺めると、枠を壊した書名に、惹かれる。

『日本人の9割が知らない日本の作法』という本が売っていた。

「え、それはまずい！　日本人としてぜひとも知っておかなければならないぞ」というのが購入動機になるのかもしれない。

落ち着いてほしい。

すでに「日本人の9割が知らない」作法なのだ。「日本人のほとんどが知らないし、使ってもいない」ということだ。それはもう日本人の作法ではないし、知る必要がないということではないだろうか。

しかし、うまい。いずれにしても「何だか気になる」という言葉のフックになっている。これが「日本人の9割が知っている日本の作法」だと、ならば知る必要ないなと至極まっとうな思考しか浮かばないかもしれない。少し欠落しているほうが、人は気になる。

『マイナス7キロ以上のダイエットを目指す人へ』という帯のついた本も見かけた。

「あれ、マイナスなのか、以上なのか？」

「ん？　マイナス5キロは、マイナス7キロ以上ではないのか」

悩みすぎて、痩せてきそうだ。

雑誌のコピーには『日本3大プレミアムビール』という言葉が躍っていた。プレミアムビールが「大」きいとは、異常事態に違いない。気になる。

そういえば、『ニューオールド』という名前のウイスキーがかつてあった。あまりに堂々としているから見逃した人も多いだろうが、私は常々、新しいのか古いのか。どっちかにしてほしいと思っていた。

世界的にも人気のキャラクターと、相田みつをさんのコラボレーションカレンダーというやつも売っていた。

『ハローキティのにんげんだもの』と書いてあった。

いや、キミは人間ではないだろう、とさすがにツッコみたくなった。

街を歩いていると、こんな会話のネタがあちこちに転がっている。日本語が乱れている、おかしいなどと騒ぎ立てるより、ちょっと余裕を持ってネタをひろうつもりで接したほうが楽しいのに、日本人の9割くらいは、それをやっていないのではないだろうか。

毒舌を人間関係の潤滑油にするために

テレビでは「毒舌」を売りにしたタレントが大活躍している。

キツいことを言っているのに、嫌味がなく、痛快で、笑いが起きる。

一方、かたちだけ彼らのマネをして毒舌を吐き、SNSなどで大やけどを負う人もいる。

その差はどこにあるのだろうか。

毒舌が毒舌として成立するためには、大きく三つの条件がある気がする。

一つは、言うまでもなく「ユーモア」だ。

意地の悪い皮肉なんだけれど、「言われてみればそうだよね」とひざをうつような納得感や、「うまいこと言うねえ」とうなるような風刺がなければ、毒舌はただの悪口になる。

先にも書いたが、美魔女に対して「あんなのエステなんかに金かけられる、旦那金持ちコンテストじゃないか！」と毒づいた南海キャンディーズの漫才はまさにそれだろう。

二つ目のポイントは「毒を吐く相手選び」を間違えないことだ。毒を吐く対象は、何かしら人がうらやむような「強い相手」や「成功者」「人気者」であることが大切な条件だ。

いくらユーモアをはらんでいても上から下を罵倒するような構図は、いじめにしかならない。むしろユーモアをはらんでいるからこそ、余計、醜いことになることが多い。

以前、ネット上である著名人が、医療費について書いて炎上したことがあった。「自分の不摂生で病気を招いたくせに膨大な医療費がかかっている。人工透析患者は自業自得」といった主旨だった。

あえて強い言葉を使って世論を刺激しようとしたのだろうが、完全に逆効果だった。立場の弱い人を、ただただ攻撃したかたちになった。だから「毒舌」にはならず「不謹慎だ」と炎上したわけだ。

毒を吐く対象は分かりやすくいえば〝権威を持つ相手〟でなければならない。

たとえばイギリス人はことあるごとに女王や王室を茶化すジョークを言う。

日本人にしてみると、あまりに辛辣《しんらつ》で驚くほどだが、あれはイギリス王室が、イギリスの庶民にとって絶対的な権威だからこそ、成り立つことなのだ。

そして、最後の条件は「毒舌を言う人の立ち位置」だ。

マツコ・デラックスさんや有吉弘行さん、爆笑問題の太田光さんなんかもそうだけど、みな「ＬＧＢＴ」とか「芸人」という「多数派ではないグループの人間」だという立ち位置にいる。

だからキツい毒を吐いても「上から目線」の物言いにならないという強みがある。言われたほうもそれほど腹が立たないし、見ているほうも素直に聞けるわけだ。

毒舌が毒舌として受け入れられるには、こうした条件が要ることを覚えておきたい。毒舌が潤滑油になるか、単なる悪口になるかを分けるのは、あなたの立ち位置次第なのだ。

ちなみに私は毒舌など吐いたことがない。国語学者などといういかにも少数派のグループにいて、実に慎ましやかに暮らしている。

お願いだから、余計な火の粉は向けないでいただきたい。

第3章

言葉も人もへなちょこで、
自由がいい

9

「へなちょこ」のススメ

常にシリアスすぎる日本語

「こうした場合、正しい敬語の使い方は何になるのでしょう？」

「美しい日本語とは、どんな言葉だと思われますか？」

「この言葉の語源は？」


職業柄、私には正しく、美しい日本語のお問い合わせがやたらと多い。

それだけ正しい日本語に対するニーズが高いということだろう。

みなさん、とてもマジメなのだなと、アタマが下がる。

マジメすぎやしないかと、心配にもなる。

「たった一つの正しい日本語」を求めて、そこにあわせて、自分や他人を押し込めようとしているように見える。

しかし、日本語は一つではない。

方言があり、家庭内の言葉があり、業界用語があり、敬語も若者言葉もある。こうした言葉を一人の人間が、その場その場で使い分けている。適切なモードを選んで、無意識に言葉遣いやトーンを変えることこそが、正しい日本語なのではないか。

マジメすぎると、こうした柔軟性を見失ってしまう。正しさを見誤る。

水泳の北島康介選手が、アテネ五輪で金メダルをとったとき。「ちょー気持ちいい！」と絶叫した。日本中が大いに沸いて、流行語にもなった。一方で、「言葉遣いが悪い」「けしからん」と文句を言う人もいた。

言葉遣いがよければいいのか？　正しく敬語で答えたら、あれほど話題になっただろうか。素直な気持ちをそのまま声に出した北島選手だからこそ、正しく気持ちを伝えられたに違いない。息遣いや感情がのってない言葉は正しくても、とてもつまらないと思うのだ。

私たちが食事をするのは、栄養補給だけが理由ではない。身体にいいからだけではない。

ただただ美味しいものを味わって、幸せを感じたいからでもある。

私たちが仕事をするのは、お金が欲しいことだけが理由ではない。誰かの役に立つことで世の中に価値や意義を残したいと思っていることもある。単にその仕事が好きということだって実は大きい。

言葉も同じである。

いつもシリアスに、たった一つの正解を求める必要はない。

あれこれと理屈と意味を手探りしながら、言葉を選んで使わなくていい。

自分の中の言葉は、軽く、ゆるく、幅広く持っておいたほうがいい。

また、それは知的な生存戦略でもあるのだ。


言葉の用途は、何もコミュニケーションだけではない。

私たちは、言葉で「考え」、言葉で「感じ」てもいる。

だから、言葉にできないことは、考えることもできない。

たとえば、英語には「肩が凝る」という言葉がない。アメリカで日本語を教えていたとき、私が「肩が凝った」と言っていたら、同僚のアメリカ人が不思議がっていた。「肩が凝るとはどういうことか？　俺は疲れても肩が凝ったことなどない。首や背中が痛くなることはあるけどね」と、ピンときていない。そこで彼の肩をぐいっと揉んでやると「おお、気持ちいい」と喜んだ。そこで「ほら、これが肩が凝っていたということなんだよ」と言うと、「そういうことか！」と感動していた。以来、彼は「肩が凝る」ようになってしまった。

お分かりだろうか？　彼は肩が凝るという言葉を獲得したために、肩が凝ることを感じ取れるようになったのだ。

私たちの思考や感覚は、つまり言葉によって〝縛られている〟ともいえるだろう。だから、言葉を「正しさ」や「美しさ」だけに縛って考え、使うことは、思考や感じ方の幅も狭めることに直結する。狭い範囲でしか世の中を理解できない、つまらない思考パターンしか生まれなくなってしまいそうだ。

柔らかいアタマは、柔軟な言葉との接し方で育まれるのである。

「ダイバーシティー（多様性）」とよく言われる。

単一の考え方や思考パターンを持つ人間が集まった集団より、バラバラで多様な考え方を持った人間が雑多に集まるほうが、環境の変化などに柔軟に対応でき、実は生存確率が高い集団になる、という考え方だ。

やたらと「正しさ」や「意味」や「メリット」を求める近代主義的な考え方が、日本語にも蔓延しているのだとしたら、ダイバーシティのためにも、私たちが目指すべきは「正しさ」や「意味」や「メリット」などを考えない日本語を使うことなのだと思う。

ポストモダンだ。

「響きが面白い」「捉え方がユニーク」「耳心地が楽しい」。

そんな一見、享楽的で、自由な日本語の使い方を、今こそすべきなのではないだろうか。マジメから卒業して、「おもしろ半分」で言葉とたわむれたい。

ちなみに英語ではこの「おもしろ半分」を「ハーフ・シリアス」という。

日本語はそもそも堅くて暗いから「まあ、半分くらいはふざけようよ」と言っているように見える。一方の英語は半分が面白おかしく、明るいから「おいおい、半分くらいはマジメにやろうぜ」と抑えているのが分かる。

やはり、日本語は、ちょーマジメだ。

「へなちょこ感覚」でストレスフリーな会話を

あまりに日本語と日本人がマジメすぎるので、新たに宗教を立ち上げたいと思うようになってきた。

名付けて「へなちょこ教」。

すべてにおいて、いいかげんにすることをよしとする宗教だ。

役立つこと、意味あること、利益になることを求めない。

出世や成功、高い地位や高い学歴を目指さない。

だって、多くの人がそれらを求めているからか、ちっとも幸せそうに見えない。ならば、いっそその道から外れようというのだ。「私はへなちょこである」「へなちょこであるからすべていいかげんに暮らす」。そう決めてしまうのだ。

とてもラクで、ギスギスしていない。ストレスフリーだ。

あきらめることで救われる。こんなすばらしい宗教はないのではないかと、真剣に思う。

最近、都内に「注文をまちがえる料理店」という店ができたという。

働くのは認知症の人たちだ。認知症であるがために、餃子《ギョーザ》を頼んだのに、ハンバーグがテーブルに届いたりする。しかし、客は怒らない。ここは「注文をまちがえる料理店」であるからだ。

すばらしいことだ。へなちょこ教に似ている。

最初から「いいかげん」だと分かっていたら、人は本来、寛容なのだ。

現代人は正確さやスピードや、利益やメリットばかりを追いかけて生きるようになった。

一度、そのプログラムを解除したほうがいいのではないか。

なんてことを言い続けると、反論してくる人が出てくる。

「いやいや。いいかげんではダメだ。努力しなければ成功できない」

「たゆまぬ努力をしたからこそ、日本には今の幸せがあるのだ」

本当に、日本人は努力という言葉が好きだ。

親や教師や周囲から呪いのように、こうした言葉が積み重ねられて、歯を食いしばって生きることが、美徳のような価値観が植え付けられてきた。

「ほら、あの人も努力して、あんなにエラくなったのよ」なんて具合に。

嘘っぱちだと思う。


「努力は人を裏切らない」なんて言う人がいる。

しかし、私は「努力」を信じない。

そう考えるに至ったのは、小学校低学年のときだ。

私は難病をわずらって、入院することになった。最初は三カ月。よくなってきたかなと思っていると、何の原因も分からずにぶりかえした。退院が先延ばしになった。

「先生の言うことを聞いていれば治る」

周囲の大人が皆そう言うので、本当に努力して、言うことを聞いた。先生の指示はすべて守った。「いい子にしているので、早く家に帰らせてください」と心底、願った。

とても努力したのだ。

しかし私は二年の間、ずっと病院のベッドの上で過ごす羽目になった。

入院中、仲良くなった同じ病気の子どもたちは、その間に一人、また一人……と亡くなっていった。何も悪いことをしていないし、彼らだって先生の言うことを聞いていたのに、死んでいった。寂しかった。

しかし、私はその頃発見された新薬を投与したらたまたま効いて、生きてその病院を出ることができた。

そのときに、気づいた。

努力はむだなのだ。人生を左右するのは運なんだと。

それ以来、一切の努力をやめている。

努力は簡単に人を裏切るのだ。


へなちょこでいい、へなちょここそ幸せなのだと信じている。

努力したってかなわないことはある。そのほうが多いくらいだろう。

しかし、あきらめることで、救われることのほうがよほどある。

へなちょこで、はなからあきらめていれば、どうしようもないことを悩まなくていい。

自分の力ではどうにもならないことを心配しなくていい。

そうでないなら、世の中はあまりにつらすぎる。

あまりにも救いようがないではないか。

努力という言葉に踊らされていないか

「先生、努力は裏切らないと思います！」

都内のあるエリート進学校の講演会で、先述した「努力なんてしないほうがいい」話をしたら一人の生徒に反論された。

そういう子が、私は大好きだ。努力する人がいなければいないで、世界は回らない。

彼が言うには、最近、何とかという絶対に解けないとされた方程式を解いた数学者がいると。他の天才たちが百年以上挑戦して解けなかったことに、その数学者は何度も何度も挑んで、ついには解いた。「先生、それは努力の結果ではないか？」と言うのだ。

うむ、と頷いて、私は笑顔で言った。

「運です」と。

そんな化け物のような数学の研究に没頭できるのだから、よほど経済的に余裕のある家庭に生まれたのだと推測できる。運がいい。そんな正気の沙汰とは思えない研究を許す奥さんもいたのだろう。強運だ。どう考えたって、努力だけで成し遂げられるはずがない。

あるいは、多くの人が間違っているのだと思う。

こうしたスゴイ人は、他人から見ると「努力しているように見える」のだ。
しかし、本人は大抵「好きだからやっている」だけなのである。

卓球日本代表の福原愛さんは、かつて「泣き虫愛ちゃん」と呼ばれる天才少女として、有名だった。

自身も元卓球選手だった母親に、スパルタ教育を受ける姿をテレビなどでよく見た。まだ四歳くらいの少女が手に余る大きなラケットを持って、卓球台の前で大泣きするのだ。

卓球がイヤだからではない。彼女は卓球がやりたいから、泣いていた。

「へたくそ！　やめてしまえ！」と母親が鬼の形相で言う。それに対して愛ちゃんが「やだ。やだ。卓球やりたい！」と泣きながら食らいついていくのだ。

泣くほど努力しているのではない。泣くほど「好き」なのだ。

そして好きだから、練習したいと思う。好きだから、うまくなりたいとワザを磨く。

イチロー選手に「練習やめなさいよ」と言っても、必ずやるはずだ。野球が好きだから。

件の数学者にも「数学をやめてください」と頼んでもやめなかっただろう。

好きで好きで、どうしてもやってしまう、ということがある。

そんなときこそ人は見返りを求めず、ただひたすらにやれるのだ。

『人間の絆』などで知られるサマセット・モームというイギリスの作家がいた。

彼は若いときから同人誌をつくり、何人かの仲間と小説を書いていた。まわりは才能に恵まれた人が多く、自分と比べると悲しくなるほどだった。自分は向いていないのではないかと痛感させられたそうだ。しかし、四十歳を過ぎた頃、はっと気づいたというのだ。まわりを見渡したら、小説を書き続けているのは自分だけになっていた。

好きだから、続く。

好きなことをやめずに続けられること、やめろと言われてもやめられないことを「才能」という。

美化された「努力」という言葉に踊らされるのは、もうやめたほうがいい。

いやいややってうまくいく可能性は低いし、時間が何よりもったいない。

好きなことなら続けられるはずだ。コツコツとしたことでも、積み重ねられる。

だから、できるだけ早く「好きなこと」を見つけて邁進《まいしん》したほうがいい。

好きなことなら、自らの意思で踊り続けられる。

「むだ」を面白がってみる

仏教では「執着」しないことがよしとされる。

執着とは簡単にいえば欲しい欲しいと、こだわることだ。そんな強い思いがあるから、人は余計な悩みを背負ってしまう。

私が提唱するへなちょこ教も、それに近い。

いいかげんで、あきらめて、ラクに生きる。

ただ、一つ、これだけはむしろ執着してほしいことがある。

「むだ」を「むだ」として楽しむことだ。


むだ話とか雑談といった、本来、コミュニケーションにおける「おまけ」と呼ばれるものがある。しかし、相手と仲良くなるために交わす「ファティック（交話）」という意味では、実はこうしたむだな話がとても効果をなす、という話をすでにした。

けれど、ちょっとこれもいやらしい気がする。

「全然、そんな気はないんですヨ」という顔をしながら、成功やメリットをガツガツと追い求めている、「隠れ執着」の匂いがするのだ。

バッチリ時間と金をかけた「ナチュラルメイク」のような、いやらしさだ。

徹夜で朝まで勉強したのに「全然、勉強しなかったよー」というテスト前のアレだ。


へなちょこ教としては、もうむだをむだとしてそのままのみこんでしまいたい。

「一見、むだなことにも意味があるのだ」という思想は、「努力したからこそ今があるのだ」に似た、居心地の悪さがある。私たちの宗派には、マッチョすぎるのだ。

役に立つからむだ話をするのではなく、むだ話を楽しんだ結果、何だか知らないけれど役に立ったね、でいい。


今、私の趣味は、昼間入る風呂と、昼寝と、近所の散歩だ。

こんなことを言うと「そういうことをすると、執筆に集中できるのですか」「仕事の気分転換をそうやってするのですね」と言われる。

違う。いや、結果としてそうなっているのかもしれないが、仕事は、そのようなことをできるようになるためにしているのだ。遊びが主で仕事は従である。ただ薄らぼんやりとしていたいのだ。何事もクリアに目的意識を持った行動は、さほど価値などないのではないか。目的などなく、むだに過ごす時間。そこに幸せがあるような気がしてならない。

言葉も同じだ。

日本で生きている以上、誰しも義務教育から長い間、たくさんの勉強をしてきたはずだ。時間でいえば、何千時間になるだろう。

先生が授業で教えてきた言葉を、どれだけ覚えているだろうか?

むしろ、先生が少しだけしたくだらない雑談や、むだ話のほうを今も覚えていて、同窓会などで話し、笑い合うほうが多いのではないだろうか。

大学で教える身としては、少しだけ寂しくもあるのだけれど。

10 正しい会話より、楽しい会話

「楽しい」を積み重ねると「新しい」ができる

人は、一つくらい世の中から無くなってほしいものがあると思うが、私の場合のそれは「会議」だ。

本来の意味で、人を集めて議論して何かよい結論めいたものを導き出すための場ならばいい。しかし、ただただ名刺を配り合い、へえそうですかとパワーポイントの資料を読み上げられ、異議なし。そんなセレモニーめいたむだな会議は、本当に消えてなくなってほしい。少なくとも、あまり呼ばれたくない。

せめて大勢を集めるならば、会議自体をもっと盛り上げればいいのに、といつも思う。会議は本来、参加者からどんどん意見を言ってもらったほうがいいものだ。議題に対しても、できればたくさん斬新なアイデアや、ひらめきが欲しい。

いわば「大喜利」のようなものだ。

参加者が「俺も俺も」と積極的に手を上げて、「いい意見を言いたい！」と燃え上がるような会議。ボケたがるような状況を、つくりたいのだから。

ならば、バラエティ番組などで芸人たちの会話を回すのが最も上手な人間の進め方を、会議のヒントにするのがよさそうだ。

最高の見本が、明石家さんまさんだろう。

彼は芸人だけでなく、素人の話を引き出すのも抜群にうまい。

昔やっていたテレビ番組『恋のから騒ぎ』などを観ても、若い女性がとりとめもない話をし始めても「ほう」「ほんまか」「それで？」としっかり相槌を打ち、まず話にのる。

そして、ピントのボケた話となって、尻窄《しりすぼ》みに終わっても「オチ、ないんかい！」「なんやねん、それ！」とツッコむと同時に「ヒャーァハッハッ」と自ら大笑いする。

つまり、どんなつまらない発言でも正面から否定せず、笑いに変えてしまうわけだ。

だから、さほど面白くない話も面白く響き、女性たちは「さんまさんにツッコミをされたい！」「面白いと思われたい！」と、どんどん発言を繰り出す。できる限り奇抜なネタを、ひねり出そうとする。

これが「会社の企画会議」だとしたら、最高ではないだろうか。

誰しも「我先に」と手を上げて、参加者が常識からハズレるような斬新な企画、面白い意見を競い合うように言ってくれるのだ。

会議の参加者が意見を言い始めたら、多少危なっかしくても「ほうほう」「そうなの」とさんまさんのようにのってみたらどうだろう。するとど相手もどんどんのってくる。そうやってまずアイデアを出すハードルを下げてしまうのだ。分母が大きくなれば、よいアイデアにたどり着く可能性も高まる。結果的に大したアイデアではなくても「ちょっと面白いですね。そのアイデア、もう少し揉みましょうよ」とツッコめばいいのだ。

こうした愛情や気遣い、思いやりのようなものが、人の会話を引き出す。つまらない会議を盛り上げる。正しい意見より、楽しい意見が積み重なった先に、新しいものは生まれるものだ。そんな会議ならば、私も出たいし、ボケたい。

“正義”が人に迷惑をかけることもある

正しさを追い求めると、おかしなことになるのは会議だけではない。

振りかざした正義の鉄拳、正義の言葉がグロテスクに響くことがある。誰かの心を傷つけることがある。

二〇一六年、熊本を襲った大きな地震があった。

直後、現地入りしたテレビレポーターが、自らのツイッターに「ようやく食事だ」といった書き込みと共に弁当の画像をアップすると、それに対する怒りの声が拡散した。

「お弁当を食べられない被災者の方も大勢いるのに不謹慎だ！」と言うのだ。

これは一体何なのだろうか、と思った。

震災にあって弁当が手に入らなくて苦労している人の目の前で、そのレポーターが自慢気に弁当を食べていた、というなら分かる。しかし、そのツイッターを見て怒っている人のほとんどが当事者ではないのだ。九州にさえいない人だ。それなのに「失礼だ！」と、我こそ正義の味方だ、という顔で怒っていたのだ。

お門違いとは、こういうときに使う言葉だ。

「お弁当を食べられない被災者の方もいる！」と言われれば、確かにそうだ。

しかし、それを根拠に「だからお前もガマンしろ！」と怒るのは、いきすぎである。

あるいは夕方のニュースなどでよくある「ゴミ捨て」マナーを注意するルポも、私にはとてもグロテスクに見える。

夜中にゴミ捨て場じゃない場所に勝手にゴミを捨てる人を、張り込んだレポーターが注意する。「あなた今、何を捨てました？ ゴミを捨てるなと書いてあったの、読めなかったんですか？」と怒り口調で畳み掛ける。

「うるせえ！」とレポーターに逆ギレする人が多い。

正直、私もテレビに向かって吠えている。「うるせえ！」と。

不法投棄がよくないのは言うまでもないことである。ただ、夜中にゴミ捨て場じゃないところに、ゴミを捨てる人たちにも事情があるかもしれない。むしろゴミ捨てのルールや仕組みに改善すべき点があるのかもしれない。こうした議論にまでたどり着くならば、マスコミはその役割を果たしていそうだ。しかし、彼らにまったくその気はなさそうだ。

私には、テレビ局、または視聴者が、ただ「正義の側に立ちたい」だけに見えてしまう。

そもそも「正義」とは何なのだろうか？

絶対的な悪がないように絶対的な正義などありえないではないか。

自分が信じるものを「正義だ」と考えれば、異なる文化や違う宗教を信じている人が「不正義」に映ることがままある。戦争などはたいてい「正義」が起点となる。文化や信じるものが違うだけなのに、「我こそが正義だ」と考えた途端、争いが生まれてしまう。

某生命保険のCMで「うちの旦那は危険な仕事していて心配なんです……」と、ショッカーの戦闘員の奥さんが出てきて嘆く、という演出があった。

仮面ライダーから見たら、ショッカーは絶対的な悪かもしれない。しかし、ショッカーの戦闘員たちにだって生活があるし、完全に悪い奴じゃないに違いない。もとはといえば、仮面ライダーだってショッカーに改造人間にされたのだ。そのおかげで戦えているのじゃないか。

論語には「直《ちょく》」という言葉が出てくる。素直や正直のことだ。

いかにもよい言葉だが、孔子はあえて「直であることはもちろんよいことだけど、それは人に迷惑をかけることにもなる」と説いている。

正直であることは結構だけれど、通り一遍で物事を捉えるのは「あなた、それは考えが足りないのだよ」というわけだ。

叱ったり、怒りたくなるような悪行を見かけても、すぐに声を荒げたりせず、少しだけでも立ち止まり、相手の立場に思いを馳せたらいい。

部下がミスをしたのは何か事情があったのかもしれない。家族に何かあったとか、体調がすぐれなかったとか、自分が見ている以外の〝その人〟というものが、必ずある。

自分が見ている世界が、すべてではないのだ。

そう考えると、ゴミ捨てのマナーなんてものを執拗に取材するマスコミ人にも、それなりの事情があるのかもしれない。少し言いすぎた。ごめんなさい。

むだな笑いと大人のつきあい

たまにプロのクイズ解答者だと思われることがあるのだが、私の本職は国語学者だ。だから、たまには学会に出ることもある。

いろんな研究発表をしたり、耳にする。主観ではあるが、何だか関西の人はうまい。研究内容がどうこうというより、聞かせる。面白いのだ。

彼らは、必ず「笑い」の要素を入れてくるのがポイントである。

もちろん、私たち東の人間も、くすりと笑ってもらえるようなユーモアを一つくらい入れようとする。緊張と緩和が笑いを生むように、笑いは緩和、つまりリラックスを呼び込む。聴衆の耳を傾けるツールになるからだ。

しかし、関西の人はこのツールの使い方が抜群にうまいのだ。

ある大学の教授が「関西の大学では、学会発表ではギャグを二つ入れろと指導されているのだ」と教えてくれた。それか、と思った。単純計算で、笑いへの意欲が東京の二倍である。しかも入れるのは、単なる「ユーモア」ではなく「ギャグ」なのだ。

本当かどうか分からない。この発言自体が、彼のギャグかもしれない。

いずれにしても、関西の人は、笑いにとても貪欲だ。

とくに芸人ではない人でも抜群に話がうまく、油断をすると笑いをとろうとしてくる。

なぜだろうか？

私は関西が、成熟しているからだと考える。


日本において、長らく首都といえる都は、関西に集中していた。

東京や神奈川などに比べると、奈良、京都、大阪、滋賀……と、中国などの大陸の文化が入り込みやすい、西日本は古代から都市として早くから発展していたのだ。

都市には人がひしめく。商いや文化や生活は、それによって潤うだろうが、ギシギシと人があふれる場所はストレスがたまる。心身共にぶつかる可能性が高まる。

そんな場所には潤滑油が必要だ。

笑いは、何よりも潤滑油になる。

人が触れ合い、心を湿らすために言葉を交わすことを「ファティック」と言うと、繰り返し述べてきた。相手を笑わせ、喜ばせ、心を開かせるユーモアやギャグというのは、まさにファティックのさらに進んだ形態の一つと言えそうだ。

こうして古代から都市化がすすみ、人がひしめきあってきた関西で生きてきた人々には「笑い」の言葉、笑いの文化が根付いているのではないだろうか。

江戸時代以降になって田舎から人が集まり、都市となった東京とは、きっと年季が違うのだ。大阪や京都のほうがずっと大人なのだ。

情報を正しく伝えることが言葉の役割ならば、または新たな学説を広く伝えることが、学会の役割ならば、「笑い」の要素はむだでしかない。

しかし、笑いは大人のたしなみで、大人のつきあいには欠かせない。

ギスギスした殺伐とした会話を心地よく和らげ、湿らせてくれるそんな薬効があるのだ。

笑いだけに。クスリ。……。

「知識」よりも「欲求」のための言葉を

初対面の人とうまく言葉を交わせない、という人は多い。

安心してほしい。私もそうだ。

しかし「何を話していいか分からない」というのが、その理由なら考えを改めてほしい。基本的に、何を話したっていいからだ。

そもそも人と人はコミュニケーションをしたがっている。人間にはコミュニケーション欲求がある。そこで交わされる言葉の意味など、二の次なのだ。

私たち人間が、地球上に現れたのは約三十万年前だといわれている。

それから今に至るまで、地球上では最もエラそうにしている。また、地理的にも広範囲に暮らしている生物である。

人間よりずっと骨格も筋力も強く、繁殖力も高い動物は他にもいるのにもかかわらず、こんな弱々しい動物が、どうしてここまでエラそうにしていられるのだろうか。

それは「言葉」を獲得したからという説が有力だ。

言葉があれば、知識の集積ができる。

「このタネをまき、水をやると、美味しい果物ができる」。そんな知識は言葉があれば、簡単に他の誰かに伝えることができる。同じ群れの仲間だけではなく、他の群れの仲間にも簡単にその知恵を伝えることができる。さらに親から子、子から孫へと、知恵を伝承することもできる。

こうして言葉で、知識を広げながら積み重ねることで、私たち人間は自分たちが最も住みやすい環境を築き上げてきたわけだ。

もっとも、私たちの祖先が明瞭な言葉を獲得したのは、五万年前だといわれている。地球上に誕生してから二十五万年の間は、明確な言葉がないまま生きながらえたのだ。

では、どうやって知識を伝え合ってきたのか。コミュニケーションをとったのか。

それは言葉にならない言葉。鳴き声のような不明瞭な言葉だったのではないか。

人間に最も近い動物であるサルは、危険を知らせるための鳴き声や、餌を見つけたときの声など、言葉がないにしろ、違う鳴き声を使い分けて、意思を疎通させている。それよりもやや高度なかたちで、言葉にならない言葉を私たちの祖先たちは、通わし続けられた。明瞭な意味などを持たなくても、心を通じ合わせる力を私たちは持っているのだ。

アメリカ人と、中国人と、日本人と、フランス人のまだ幼い子どもを同じ部屋に入れたとしたら、三十分もすれば、彼らは不可思議な言葉にならない言葉を通わせながら、しゃべり始めるものだ。それぞれの言葉は分からなくても、人間はそもそもコミュニケーションをとりたいという欲求を持っている。集団としてそのほうが強くなることを遺伝子レベルで感じていて、自然と交話をしたがるのだろう。

考えてみたら、私たちは英語やフランス語の歌を聞いていて、歌詞が分からないにもかかわらず、心をつかまれる。いたく感動する。

英語がさほど理解できない人でも、「この頃のクラプトンの歌は、シビれるね」とか「スティングの新しいアルバムは染みるよね」などと公然と言ってしまう。

言葉など分からなくても、言葉に宿った情動のようなものは人に伝わる。

ロシアの名優が舞台を終えたあと、レストランに入ると、そこにファンがたくさんいたのだという。

彼はファンのために、すっと目の前にある紙の文字を読み上げた。

「ボルシチ・三百円。上ボルシチ・四百円……」

メニューをただ読み上げたのだ。ファンは皆、その言葉に涙したという。言葉の中身など関係ない。言葉の内容など、人がコミュニケーションをしたい気持ち、人と繋がりたい欲求に比べたら、些細《ささい》なことでしかないのだろう。

11

「むだに見える言葉」に隠れているもの

流行語と仲間意識

毎年、流行語大賞というものが発表される。

二〇一六年は、「神ってる」だった。

実際に使っている人を私は見たことがない。

本当に流行っていたのだろうか。

考えてみれば、言葉は「流行語」などといわれた途端に使われなくなることが多い。

「チョベリバ」とか、「激おこぷんぷん丸」とか。あれは一体何だったのかと戸惑う。憤る。ややおこぷんぷん丸だ。

それにしても、こうした流行語は「程度を強めた言葉」が多い。

前出の「神ってる」も「チョベリバ」も「激おこ……」もそうだし、残っているかつての流行語、「超」「かなり」「やばい」なども、すべてそうだ。

それは新しい言葉や表現が、大抵若者の中から生まれるからだ。

社会や時代は変化する。それらに触れたときに抱く感覚や気持ちも変化する。とくに若者にとっては、触れるものすべてが新しい感覚だ。何か、できあいの言葉では表せない感情となって湧き上がる場合が多い。結果、若者たちは新しい言葉や表現を生み出す。

だから流行語には「今までにないほどである」という程度を強める言葉が多くなるというわけだ。

流行語は社会の〝今〟を何より表す、とても価値ある言葉なのだ。

それなのに、こうした流行語にすぐ「言葉が乱れている！」と怒る人が絶えない。

理由がある。私たちが話す言葉の多くが「仲間言葉」であるためだ。

仲間言葉とは、その集団でしか使われない言葉のことだ。

同世代の若者にしか通じない仲間言葉が「若者言葉」、同じ業界の人間しか通じない仲間言葉が「ギョーカイ用語」。「日本語」だって日本人にしか通じない仲間言葉だ。

仲間言葉を話す間柄は、すなわち「仲間」ということになる。仲間言葉を話すことは、集団の求心力を高めることにもなる。

しかし、裏返せば、同じ言葉を話さない相手を排斥してしまうことがある。

「俺と同じ言葉を話さないとはけしからん」

「あんな言葉遣いをする人間はなっていない」

こうした傲慢な思考が、仲間言葉を話すか話さないかで導かれるきらいがある。

だから、自分と違う流行語を喜々として話す若者を、許せない層がいる。彼らが「言葉が乱れている」「正しくない」と激おこぷんぷん丸になるわけだ。

一方で渋谷などの若者たちが、わけの分からない言葉を喜々と使うのは「自分たちは大人や普通の子たちとも違う！」という、ある種のエリート意識も含まれている。

宗教団体があえて難しい用語を使うのも、暴力団が独特の言葉を使うのも同じだ。

かつてユーゴスラビアにはいくつもの言語があった。その言語の違いが争いの発端にもなった。宗教や民族や文化より「言葉が俺たちと違う！」という分かりやすい差異は殺し合いに発展した。言葉にはそれくらいの強い力がある。

言葉は社会の仕組みをそのまま表すのだ。

今年も流行語大賞が、物騒でないことを祈る。

罵倒語から見る「日本語の本質」

最近、イライラして街中で怒鳴り散らしている人を、よく見かける。

終電間際に駅員さんに罵詈雑言《ばりぞうごん》を浴びせている酔っぱらいなどだ。

またこれが、いい年をしたおじさんなのだ。威勢よく「このやろう」とか「うるせえ」などと言っている。イヤになる。いい年をしたこちらも気をつけたいと思う。

それにしても、こうしたキタナイ言葉、人を罵倒する言葉は、日本語、そして日本を知るうえで、とても面白い。

むだにキタナイわけではないのだ。

たとえば日本語の罵倒語は他の言語に比べて、圧倒的に「セックスにまつわる言葉」が少ないといわれる。

一方、ハリウッド映画なんて見ていると「Fuck」「Mother Fucker!!」「Son of a bitch!!」と、しょっちゅう聞こえてくる。

あえて訳さないが、英語ではやたらと、こうしたシモネタを扱う罵倒語が多いのだ。実はこれはスペイン語でもフランス語でも、ドイツ語でも同じ。朝鮮語でも中国語でも同じだといわれる。

一般的にタブーであるセックスにまつわる言葉は、最も簡単な罵倒語になるわけだ。ところが、日本語はというと、セックスにまつわる罵倒語は極端に少ない。「売春婦」などというのはあるが、めったに使わない。

考えられる理由の一つに、日本が古くから性に対して極めてオープンだったから、という説がある。

たとえば江戸時代の性風俗を描いた浮世絵である春画。当時、国内でもトップだったであろう名絵師たちが、こぞってあのような絵を描いていたのは世界的にも珍しいことだ。

江戸時代までは男女混浴が当たり前で、それを見た外国人が驚いた話も有名だ。日本という国は、伝統的にセックスに対してあけっぴろげなのかもしれない。こういう国では、セクシャルな言葉にことさらネガティブな意味付けがなされることが少なかったのだろう。

これが日本語にセクシャルな罵倒語が少ない理由だと考えられる。

一方で、日本にはなぜか罵倒語として好まれる面白いジャンルがある。野菜だ。

「ボケナス」「大根役者」「もやしっ子」「いもくさい」「頭がピーマン」。

やたらと人を罵る言葉として野菜を持ち出す。

もしかしたら、これは日本語がとくに「位相」、つまり使う言葉によって属する階層が分かりやすい言語だからではないかと推測できる。

敬語がこれほどまでに分かりやすくある言語は少ない。すでに書いた通り、人称だけでも「俺」を使えば粗野な人だと分かるし、「私」といえば、そこそこ上品だと分かる。

それを踏まえると、喧嘩などで相手を威嚇するとき、相手の人称を「てめえ」とか「おめえ」とか「このやろう」などと指し示す人が多いのも、また位相を表す。

これは「私は腹が立っているので、あなたのことを『てめえ』『おめえ』『やろう』と下に見るように、これから接しますよ」という、いわば宣戦布告なのだ。

一種のストラテジーによって、相手を呼ぶ人称を変えることだけでも日本語は相手を簡単に罵倒できるというわけだ。

話を戻す。

野菜にあてはめて相手を罵るというのは、「私はあなたのことをもう人ですらないように見なしますよ」という宣言なのかもしれない。

実はとっても意味があるのだ。

加えて「Mother Fucker」より、うんとかわいらしくて、日本語を象徴しているような気がする。相手を罵倒する言葉を吐かなくてはいけないシーンに出くわしたなら、セクシャルな言葉よりも、野菜の名前を言っちゃうほうが、私は好きだ。

だから駅で叫びたがるおじさんたちも、せめて使う言葉は、「おたんこなす」くらいにしておいたほうがいいのではないか。

「使えない」が罵倒語として成り立つわけ

欧米ではセクシャルな言葉を使う。

日本語では、人称を変えて位相を低くする。

人を罵倒するときにどんな言葉を使うのかを、冷静に見直してみると、人々が何に対して差別意識を持っているかが、あぶり出されるようだ。

加えて、その時代、その時代で、どんなことが罵倒語になるかを、考察してみるのも面白い。

たとえば最近、よく聞こえてくる罵倒語の一つに「使えない」がある。

「あいつは使えない部下だ」

「うちの旦那は、ああいう場で本当に使えないの」

こうした使い方をするわけだが、あらためて、切なくなる。

機能性や利便性がもてはやされる今の時代だからこそ、こうした言われ方がことさら人を傷つけるようになっているのかもしれない。

こうした罵倒語は、使い続けるうちに意味がどんどん薄まるのが面白い。

たとえば「クソ」。

「畜生」「このやろう!」といった意味でも使われるが、単に舌打ちのような意味で使われることも多い。「クソかっこいい!」とか「クソ面白い!」といった具合に、いい意味になることすらある。

英語でも「Fuck」はときに「Cool」というよい意味として使われることがある。

ようするに単なる〝慣用句〟になっているのだ。使い続けるうちに言葉に慣れてしまって、本来の意味が失われているわけだ。

どういうわけか、こうした慣用句を、言葉を覚えたての外国人ほど使いたがる。

以前、教え子の留学生が、誰に教わったのか「クソォ」とつぶやいた。

本人にしてみたら、日本人をマネて、軽い気持ちで使ったのだろう。

しかし、それを聞いた私にはそれが本来の「排便」の意味に聞こえてしまって、いたたまれなくなった。

不慣れな外国人が使ったものだから、慣用句ではないように響いたのだろう。クソ難しいものだ。

それにしてもこの出来事で、あらためて言葉の面白さを感じた。

話す人、表情、場面などによって、言葉がその意味を劇的に変えてしまうのだ。

だから私たち日本人が「Fuck」とか「Bitch」とか、かっこつけて使うものじゃないのだろう。慣用句として使い慣れていない人が使うと、ネイティブの耳には、ことさらキタナク罵っているように届くに違いない。罵倒されちゃうよ。

「ダム汁」「て」……業界用語に見る日本語の美しさ

「ダム汁」と言うのだそうだ。

以前、業界用語について話すテレビ番組に出演したとき、知った。

ダム汁とは、ダムが放出する溜め込んだ水のこと。ダムマニア業界では、これを「ダム汁」と言って、とても愛しているという。年に数度しかないその汁の放出を待ちわび、当日は、汁のしぶきがかかるようなスポットまで出かけて、シュワーっと飛び散る水、もとい汁を浴びながら恍惚の表情をするのだという。ＶＴＲに登場したマニアの方は「あのダム汁をめいっぱい浴びるのが夢だ」と言っていた。やめたほうがいい。死んでしまう。

それにしても、ダム汁という言葉をつくってしまう、彼らの愛情はすばらしかった。狂気すら感じられた。

同じ番組では、もう一つ、築地の魚河岸職人たちが使う仲間言葉、業界言葉も紹介していた。

たとえば、彼らが言う「て」の意味が分かるだろうか？

ヒントは魚の名前。答えは「鯛《たい》」のことだ。

築地の人の多くは江戸っ子である。独特の江戸なまりがあるから「たい」のことも「てい」という。それをさらにきっぷよく、短めに区切って「て」になったというわけだ。

さらに、彼らがたまに使う言葉に「芸者のアタマ」というのがある。

芸者のアタマ、つまり髪型といえば「高島田」というのを聞いたことがあるだろう。花嫁が結うあの文金高島田もその一種だ。「高島田」とは、髪の根本を高く仕上げた独特の髪型のことだ。つまり芸者のアタマとは、この「島田《しまだ》」のことである。

ところが、江戸っ子は「し」と「ひ」の発音の区別がうまくできない人が多い。ようするに、「今日は〝芸者のアタマ〟」というのは、「今日は〝暇だ（ひまだ）〟」という意味になるわけだ。

まどろっこしくて、いい。何よりダム汁に通じる、遊び心が感じられる。

こうした業界用語は、仲間言葉だ。本来、同じ仕事に従事する仲間、あるいは同じ嗜好の仲間だからこそ通じる隠語である。しかし、巨大建築物を擬人化して造語をつくってしまうその遊び心。あるいはまどろっこしく、洒落っ気と自らの発音の悪さを逆手にとって隠語にする〝粋〟は、とても健全で誰にとっても心地よく感じるだろう。

ダムマニアの話に戻る。

彼らがダムを見学するのにベストなシーズンはいつかなァ、と思ったので「やはり紅葉などが映える秋ですか？」と尋ねた。しかし「秋は一番キライですね」と、いかにも素人であるな、という顔で答えられた。

「僕らはダムが見たいのであって、秋は紅葉がジャマである」というわけだ。
とても健全だと思った。
皆が皆、同じものを見て美しいと思わなくていい。正しいと感じなくていい。
日本語もかくあったほうが楽しい、と忘れずにいたい。

12 言葉をどこまでも「自由」に使うために

曖昧さのない言葉には限界がある

私たちは、普段、二種類の言葉を使っている。

一つが「人工言語」。もう一つが「自然言語」だ。

人工言語とは、私たち人間が使い勝手がいいようにロジカルにつくった言葉のこと。それを読み聞きした人が間違わないように、一つの言葉に対しては、一つの意味しか持たないのが特徴だ。

たとえば、コンピュータ用のプログラミング用語。楽譜。数学の公式などがその代表だ。すべて誰が見聞きしても、同じ意味で、曖昧さがない。当然、コミュニケーションの行き違いや勘違いが少ない。とても効率的な言語というわけだ。

一方の自然言語とは、私たちが普段、使っている言葉だ。とても便利で多彩な言葉やよい言いまわしが揃っているが、とても微妙で、曖昧なのが特徴だ。

たとえば「ひく」という動詞がある。

そこには何かを自分の手元に近づける、という意味がある。「手綱《たづな》を引く」のそれだ。

また楽器などを演奏する、という意味もある。「ギターを弾く」のそれだ。

あまりにショックなことが起こり、気持ちが冷めるようなときにも使う。「ドン引きする」なんていう若者言葉である。

人工言語と異なり、一つの言葉に、いくつもの意味がある。表現がある。自然言語はとても微妙で、とても曖昧なのだ。

だから日本語は曖昧で、グローバル化がすすんだ中では向いてない。またそんな言語を使う国民だから、思考が曖昧で決断も遅い。日本人の限界だ、といった論調もある。

本当にそうだろうか？　と思う。

パソコンは人工言語であるプログラミング用語を駆使して、私たちにとてつもない利便性を提供してくれている。曖昧さのない人工言語が、極めて価値の高いことを身近に証明する代表選手だ。

しかし、そんなパソコン様が、たまにこう言う。

「不正な処理をしたので、強制的に終了します」

ちょっと待て、といつも感じる。

「不正な処理」とは何事なのだと。

不正とは、本来、不正義にあたるような、正当ではない、正直ではないことを指す言葉だ。何か社会的なモラルや法律に反するような、罰せられるべき対象というニュアンスがある。それを、たかだかキーボードのミスタッチやら、アプリケーションを立ち上げすぎてメモリが不足した程度で、「不正な処理をした」などと言われたくはない。しかもそのせいで「強制的に終了」とは、どんな権限で物言いしているのか、理解に苦しむ。

自然言語での会話なら、こうはならないはずだ。面と向かってそうは言えまい。

「すいません。ちょっと混乱してきました。お待ちください」とか「間違っちゃった。ごめんね」と言ってくれたら、こちらも「いいよ、いいよ」とゆっくり待ちそうなものだが、そんな物言いをされたせいで、無性に腹が立ってくるのだ。

某ウィンドウズに悪意があるわけではないだろうが、つまり人工言語でロジカルに示そうとすると、こうした「直訳的なクッションのない暴言」が意識せずとも放出される。誰かをじわりと傷つけることがある。

こうしたコンピュータが見せる人工言語は、ロジカルどころか、読み手を混乱させることすらある。

曰く「只今からウィンドウズの終了を開始します」。

それならば、終了を終了したときも教えてほしい。

曰く「只今、Yahoo! に接続中です」。

まだ接続していないのに、接続中ですと言い切っている。果たしてどちらなのか悩む。

もちろんこれも「Now connecting」を直訳したせいでそうなってしまったのだろうが、人工的に論理的にしようとした結果が、わけの分からない、意味が通じない場所にたどり着いてしまっている。ようするに、曖昧さのない、人工言語の限界なのだ。

考えてみたら、正確無比で意味が一つしかないせいで、私たちはストレスを抱えるときがある。

「あと五分二十三秒お待ちください」と言われたら、一秒でも遅れただけで「遅い！」と苛立ってしまう人は多そうだ。

「ちょっと待ってくださいね」と曖昧であったら、そこまで苛立たないだろう。

先に述べた「只今、Yahoo! に接続中です」もそうだ。本来、あの状態ならば「今、Yahoo! に接続しようとしているところです」「どうもどうも。今まさに接続しようと思っています」「接続するために努力しています」「今ちょうど出たところです」と蕎麦屋の出前のように振る舞ってほしいところだ。

正確無比で、間違いのない言葉を使えば、誤差のない世界が現れる。

しかし、それだけに心の刺々しさを、浮き彫りにするような気がする。

曖昧で、微妙な自然言語は、誤差だらけだ。しかし、むだな争いを生まない。きっといろんな人に優しい。私はそちらのほうが好きだし、正確無比な一つの言葉に一つの意味しかない世界は、ちょっとドン引きしてしまうのだ。

言葉は、どこまでも「自由」であるべき

言葉にキビしい世の中になった気がする。

ヘイトスピーチ対策法というものが、二〇一六年から施行された。特定の人種や民族に対して、排除することを扇動《せんどう》するようなスピーチを禁じた法律だ。

その法律そのものに文句はない。しかし、ヘイトスピーチを法律で規制するという、その事実が、とても恥ずかしいことだと思うのだ。

言葉は、基本的に何からも自由であるべきだ。

たとえば、身体は自由があってはいけない。体が強い人、弱い人がいる。もし自由に野放しにしてしまったら、強い人間が弱い人間を力で従わせるようになるだろう。

だから世の中には、法律がある。人を殺すな、ケガをさせるな。力を持つ者を規制するのが、法律なのだ。

しかし、言葉で何を考え、何を感じ、何を発表しようが構わないと思う。

ヘイトスピーチはもちろん、よくないことだ。とはいえ、「私はあの国が嫌いだ」「あの

政治家はアタマがおかしい」などと言う人がいても、仕方のないことだ。

大事なのはそうした醜いスピーチを皆が軽蔑して、無視することだ。それを法ではなく、それぞれの意思で、あるいは言葉で制されるほうが健全なのではないだろうか。


曖昧で微妙で、意味がいくつもある。

そんなしなやかさこそが、日本語の強さだ。

そうした言葉を駆使すべきテレビや新聞や雑誌が、何だか一色の言葉しか使わなくなってきた。いろんな意見を、できるだけ無色に近いかたちで載せるべきメディアが、べったりと一色に色分けされた言葉を押し付けている。もう少し、塩梅のいい黄ばんだくらいのカラーにできないのか。

言葉を一つの意味に閉じ込めることは、とても不自然で、言葉を弱くすることになる。ヘイトスピーチ対策法のような施策は、まさしくそれこそが言葉への暴力的な行為だと私は思う。へなちょこ教の人間として、真剣に思う。

というよりも、へなちょこ教の人を真剣にさせたら、ダメだろう。

言葉の向こう側の世界を考える

言葉は自由に使うべきだ。

そう考えて、ことあるごとに主張はしている。しかし、自由でいいのだけれど、思うほどに言葉を自由自在に操れるのかというと、それはまた別の話だ。

私たち人間が言葉を手にしたのは、今から五万年ほど前だ。この道具によって、物や気持ちやさまざまなことを表現できるようになった。

しかし、そこには限界があるということだ。

イエス・キリストは修行を経て、神の国、つまり天国の存在を実感した。その後、「私たちは天国へいくために生きているのだ」という教えを説いた。

しかし、天国の存在を感じられない他の弟子たちは、戸惑う。そこでイエスに「天国とはどんなところなのですか?」と聞いた。

するとイエスは、「花園のようなところです」「いいにおいがするところです」「とてもあたたかいところです」などと言った。

ぼんやりとした、比喩でしかイエスは天国を指し示せなかったのだ。そこでマタイら、古くからの弟子は「比喩ではなく、ここです、と言ってほしいんです」と問いただした。するとイエスはこう答えたという。

「キミたちはまだ修行が足りないから理解することができない。だから、『○○のような』といった言葉でしか、私は語れないのだ」

本当に言い表す言葉がなかったのだと思う。だからこそ、人々はその世界を求めて、祈り、修行し、信じるのだろう。

天国や涅槃《ねはん》、神の国でも何でもいいが、宗教において、必ずこうした神の領域が出てくる。他の誰もが見たことがない、「向こう側」の世界。その存在を知ったものが、人々にそれを語り、ときにそこに宗教が生まれる。そして多くの教祖たちが「言葉のない世界」「言い表せない世界」があることをほのめかす。

そう考えると、言葉には言い表せないことほど、人は魅力を感じるのかもしれない。

ミケランジェロの彫刻や、モーツァルトの楽曲や、汝窯《じょよう》の焼き物などは、言葉には言い表せない美しさがある。そのすばらしさを言葉で言い表そうとしても、完全に伝えることはできない。また、ミケランジェロやモーツァルトなどは、言葉じゃない世界を感じていたのではないかと思う。言葉では伝えられないから、形にし、音にしたのではないか。

言葉は万能ではない。むしろ言葉で言い表せないことのほうが多い。自由に言葉を使う一方で、そんな事実は頭にとどめておきたいものだ。謙虚になれるからだ。

人は自分が知っている言葉だけでしか世界を語れない。世界を見ることができない。それはきっと、小さな小さな物語でしかないのだ。

かつて、詩人の谷川俊太郎さんと対談したときの言葉が、忘れられない。

「言葉って、本当に不便なもので、自分の感じていること、触っていることの三割も表現できないんですよ」

最も思い通りに日本語を操れる、見えない心を言葉で言い表せられる人であろう、希代の詩人が、「言葉で三割も表現できない」と言うのだ。

ごめんなさいとしか言いようがないし、言葉ですべてを言い表そうなんて、実におこがましいとすら感じてくる。

そんな風に言葉の無力さを実感しながらも、見えない「言葉の向こう側」を一所懸命、言葉を駆使して、感じ、考え、表そうとはしていきたい。自分の知らない向こう側を、言葉にできない見えない世界を、思いやれる何かが育まれると考えているからだ。

そうなったらヘイトスピーチなんて、恥ずかしくて怖くって、到底できないと思いませんか。

「どこへ行きたいのか」考えながら言葉を使う

効率的に、スピーディに――。

何もかもをそうしようとしたなら、必ず何かを捨てる必要がありそうだ。

栄養価の低い食材は食べなくていい。くだらない娯楽のような時間はなくしたほうがいい。使えない部下やメリットのない友だちとはつきあわないほうがいい。うむ。多分、そうやってあれもこれもとむだを削っていけば、効率的でスピーディな生活を送れそうだ。試験に出ないから、としっかりヤマの部分だけ勉強すれば、なるほど試験には受かる。しかし、そうしてたどり着くゴールはどこになるのだろうか。

故・吉本隆明さんは、亡くなる数年前、娘のばななさんにこう言ったという。

「この年になると、いい小説を書くことがいいことではなく、いい家庭をつくって、来た人に『いつでもどうぞ、何もないけれどうちはいい家ですよ』と言えるようになることが、人生にとって一番大事ということが分かる」

人間とは何かという思想哲学を、言葉を駆使して積み上げてきた知の巨人のたどり着いた言葉が、これだったと思うと、その凄みと深みに感嘆せざるを得ない。

思うによい家庭というのは、とても曖昧な言葉で、人それぞれのかたちがあってしかるべきだと思う。一人だろうが、大家族だろうが、その形態のことではない。

ただ、それぞれの立ち位置にいて、何があるから、ではなく、何もなくても「いいところだ」と思え、人を招くことができる。招いてくる人がいる。それこそが幸せなのだと、吉本隆明に言われたら、きっとそうなんだろうと感じてくる。幸せなゴールだと思えてくる。そのかたちは千差万別だけれども、きっと効率性とスピーディさとは違う場所にある気もする。効率性を重んじたトゲトゲとした家には、招かれたいと思わない。わざわざ家庭に招くような相手は、むだなつきあいを消し飛ばしてきた先にできるとも思えない。

むだをむだとして切り捨てても構わない。効率性を重視する生き方もありだろう。ただ、ゴールをどこに置いておくかが、すべてを決定づけることは忘れたくない。


『不思議の国のアリス』が好きだ。

正確に言うと、アリスに出てくるチェシャ猫というキャラクターが好きなのだ。

ピンク色の毛を持ち、にんまりとした大きな笑みを口元にたたえた猫だ。

アリスは道に迷ったとき、そのチェシャ猫に尋ねる。

「私、どっちへ行けばいい？」

するとと猫は逆に尋ねる。

「おまえはどこへ行きたいのかニャ?」

「どこへ行ったらいいのか分からないのよ」

アリスの答えに、猫は言う。

「じゃあ、どっちへ行っても同じだニャ」

日本語にいくつもの意味や解釈があるように、幸せや人生にもいくつもの解釈や道がある。自分の迎えたいゴールくらい自覚して見つけたうえで、むだを楽しむなり、むだを捨てるなりしたほうがよさそうだ。

そうでないなら、どっちへ行っても同じだニャ。

本書は『BIG tomorrow』誌の連載
「国語学者・金田一秀穂の論より【ムダ話】」を
基に加筆・再構成したものです。

青春新書
INTELLIGENCE

こころ涌き立つ「知」の冒険

いまを生きる

〝青春新書〟は昭和三一年に――若い日に常にあなたの心の友として、その糧となり実になる多様な知恵が、生きる指標として勇気と力になり、すぐに役立つ――をモットーに創刊された。

そして昭和三八年、新しい時代の気運の中で、新書〝プレイブックス〟にその役目のバトンを渡した。「人生を自由自在に活動《プレイ》する」のキャッチコピーのもと――すべてのうっ積を吹きとばし、自由闊達な活動力を培養し、勇気と自信を生み出す最も楽しいシリーズ――となった。

いまや、私たちはバブル経済崩壊後の混沌とした価値観のただ中にいる。その価値観は常に未曾有の変貌を見せ、社会は少子高齢化し、地球規模の環境問題等は解決の兆しを見せない。私たちはあらゆる不安と懐疑に対峙している。

本シリーズ〝青春新書インテリジェンス〟はまさに、この時代の欲求によってプレイブックスから分化・刊行された。それは即ち、「心の中に自らの青春の輝きを失わない旺盛な知力、活力への欲求」に他ならない。応えるべきキャッチコピーは「こころ涌き立つ〝知〟の冒険」である。

予測のつかない時代にあって、一人ひとりの足元を照らし出すシリーズでありたいと願う。青春出版社は本年創業五〇周年を迎えた。これはひとえに長年に亘る多くの読者の熱いご支持の賜物である。社員一同深く感謝し、より一層世の中に希望と勇気の明るい光を放つ書籍を出版すべく、鋭意志すものである。

平成一七年

刊行者　小澤源太郎

著者紹介

金田一　秀穂〈きんだいち　ひでほ〉

1953年、東京都生まれ。上智大学文学部心理学科卒業、東京外国語大学大学院修士課程修了。日本語学専攻。その後、中国大連外語学院、コロンビア大学などで日本語を教え、ハーバード大学客員研究員を経て、現在、杏林大学外国語学部教授。専門は国語学、日本語教育、言語行動、意味論。『金田一家、日本語百年のひみつ』（朝日新聞出版）、『15歳の寺子屋　15歳の日本語上達法』（講談社）、『金田一先生のことば学入門』（中央公論新社）など著書多数。

日本語《にほんご》のへそ　　青春新書 *INTELLIGENCE*

2017年12月15日　第1刷

著　者　金田一《きんだいち》　秀穂《ひでほ》

発行者　小澤源太郎

責任編集　株式会社プライム涌光

電話　編集部　03(3203)2850

発行所　東京都新宿区若松町12番1号 〒162-0056　株式会社青春出版社

電話　営業部　03(3207)1916　振替番号　00190-7-98602

印刷・中央精版印刷　製本・ナショナル製本

ISBN978-4-413-04522-3